Transformación Interior

Conoceréis la verdad y la verdad os hará libres.
Jesús – Juan 8:32

JUSSARA KORNGOLD

Transformación Interior

Conoceréis la verdad y la verdad os hará libres.
Jesús – Juan 8:32

UNITED
STATES
SPIRITIST
FEDERATION

© Copyright 2025 por el United States Spiritist Council
1ª edición, 1ª impresión – septiembre de 2025
Todos los derechos reservados a
United States Spiritist Council
http://www.spiritist.us – info@spiritist.us
Fabricado en los Estados Unidos de América

ISBN: 978-1-948109-46-8

LCCN: 9781948109468

Original: Inner Transformation

Autora: Jussara Korngold

Traducción al español: Montserrat Sandoval Cuenca y Víctor Ruano Regueiro

Editado y revisado por el Departamento Editorial y de Publicación del United States Spiritist Council, Inc.

Diagramación y edición: Diego Henrique Oliveira | Lab Editorial

Portada: Paula Wienskoski (ilustración: dreamstime.com@Nadiaforkosh)

Library of Congress Cataloging-in-Publication Data

Transformación Interior

KORNGOLD, Jussara

ISBN: 978-1-948109-46-8

LCCN: 9781948109468

ESPIRITISMO. 2. VIDA ESPIRITUAL. 3. COMPORTAMIENTO – MODIFICACIÓN. 4. AUTOCONCIENCIA. 5. AUTORREALIZACIÓN. 6. JESUCRISTO – INTERPRETACIONES ESPIRITISTAS. 7. JESUCRISTO – ENSEÑANZAS. 8. BIENAVENTURANZAS. 9. BIBLIA Y ESPIRITISMO.

Contenido

INTRODUCCIÓN 15

LAS BIENAVENTURANZAS 21

1 | AUTOCONOCIMIENTO - SINCERIDAD
CONÓCETE A TI MISMO 25

2 | HUMILDAD Y ORGULLO - HUMILDAD 35

3 | RESIGNACIÓN ANTE LA ADVERSIDAD - TRANQUILIDAD 53

4 |GENTILEZA Y PACIENCIA VS. IRA - SILENCIO 69

5 |JUSTICIA, FRUGALIDAD Y TEMPLANZA..83

6 |PERDÓN Y MISERICORDIA - MODERACIÓN 99

7 |PERFECCIÓN MORAL - LIMPIEZA Y CASTIDAD............................117

8 |PACIFICADORES - RESOLUCIÓN 135

9 |BIENAVENTURADOS LOS QUE PADECEN
PERSECUCIÓN - JUSTICIA..149

10 |VOSOTROS SOIS LA LUZ DEL MUNDO - DILIGENCIA 161

11 |BUSCAD Y HALLARÉIS - ORDEN 173

12 |TRANSFORMACIÓN MORAL..189

BIBLIOGRAFÍA..237

PREFACIO A LA VERSIÓN PORTUGUESA

Se trata de una importante obra de la escritora y traductora espírita Jussara Korngold. La autora, actual presidenta de la Federación de Estados Unidos y secretaria general del Consejo Espírita Internacional, que viene prestando relevantes servicios a la organización del movimiento y a la divulgación del Espiritismo en el hemisferio norte, en Brasil y el mundo.

«Transformación interior» no es una obra que aporte contenido. Al contrario, se adhiere estrechamente a los principios del Espiritismo y la Moral del Cristo. Estudiando la Codificación Espírita, encontraremos varios pasajes que enfocan el tema de la misma forma como lo hace la autora.

La estructura de la obra está constituida por los preceptos conocidos como las Bienaventuranzas, que constituyen la primera parte del inmortal Sermón de la Montaña, faro del progreso de la civilización planetaria. Además de esta estructura, vemos una relación con las trece virtudes de Benjamín Franklin y los procesos de mejora moral de este «ingeniero» de la nación estadounidense.

Franklin es conocido por los espiritistas como el mentor de las manifestaciones mediúmnicas mediadas por

Transformación Interior

las hermanas Fox en Hydesville[2]. También lo conocemos como miembro de la falange del Espíritu de Espíritu de la Verdad que nos legó primero «El Libro de los espíritus» y luego el pentateuco de Kardec. Cabe añadir que estos temas de relevancia esencial se comentan aquí con inteligencia y en armonía con pensamientos y ejemplos de escritores talentosos y respetables.

En cuanto al aspecto estético, no hay retoques que hacer. Elegante lenguaje, y rescate de los bellos ejemplos de transformación moral de exponentes del cristianismo como Francisco, Agustín entre otros. En otras palabras: lo que tenemos en la obra de Jussara es belleza de lenguaje, belleza en los conceptos, ilustraciones y ejemplos.

¿Cuál es nuestra intención al revisar la traducción portuguesa con la inestimable colaboración del joven estudiante de medicina Lucas Ramos? Deseamos organizar reuniones de estudio, como lo sugiere el propio desarrollo de la obra, en centros espíritas y donde hubiera más necesidad de educación moral.

Hay, sin embargo, una razón innovadora y muy especial para nosotros dedicarnos a esta obra y fomentar la creación de encuentros en torno a este libro: al final de las lecciones, Jussara nos invita a la reflexión, como: en los próximos días, escribe las partes que más te han conmovido; anota los aspectos que más necesitas trabajar en ti.

Tales invitaciones, desprovistas de sofisticaciones y complejidades innecesarias, deberían tener un inmenso efecto en la transformación moral de todos los que participemos en los actos aquí propuestos. Al final del estudio, dispondremos

---

2   *Historia del Espiritismo* -Arthur Conan Doyle- 1.ª edición - 1960, 18.ª reimpresión - 2015, traducido por Jílio de Abreu - páginas 86, 87 y 90 - Editora Pensamiento.

de una hoja de ruta personalizada para nuestra propia mejora y orientaciones que pretenden seguir actualizando y perfeccionando nuestro camino.

Este libro forma parte del «*Estudio Sistematizado del Espiritismo*» que fue desarrollado en inglés por la Federación Espírita de los Estados Unidos y que ahora presentamos en portugués al público brasileño.

Esperamos que los lectores estén dispuestos a percibir la enorme importancia de este libro y vengan a unirse como participantes, oyentes e instructores de los cursos resultantes del mismo.

Deseamos a todos buenos estudios y progreso moral.

Isolaquio Mustafa

Nota del traductor: Se han respetado en este prefacio las menciones al idioma y país a los que Isolaquio Mustafa hace referencia, para no adulterarlo.

Este libro está pensado para ayudarnos a trabajar nuestra transformación moral. Está basado en las bienaventuranzas que Jesús pronunció durante el Sermón de la Montaña, uno de los episodios más famosos de la vida de Jesús en la Tierra, contiene hermosas enseñanzas sobre cómo mejorar nuestra vida espiritual. Se estructura a partir de la lista de trece virtudes escrita por Benjamín Franklin como una manera de alcanzar el progreso moral.

AGRADECIMIENTO Y OFRECIMIENTO

«Dios es espíritu y debe ser adorado en espíritu».

JESÚS (JUAN 4:24)

Causa inicial de todo lo que existe, Inteligencia Suprema y Soberana. Bondad infinita, Justicia perfecta y llena de Misericordia. ¡Padre Eterno!

Todo es relativo, excepto Tú, Señor Dios; eres Inmutable y Absoluto. ¡Te alabamos y agradecemos por darnos la presencia de tantas almas bondadosas y sabias, desde el comienzo de la civilización hasta los días de hoy, que nos enseñan el camino del Bien y del Progreso! Principalmente por la presencia de Jesús, nuestro guía y modelo.

¡Te damos las gracias y reconocemos nuestra inmensa deuda contigo por habernos dado el ser, por habernos creado por un acto de tu Amor Infinito! Gracias, Señor, por habernos legado y depositado en lo más íntimo de nuestra conciencia la guía indestructible; ¡herencias preciosas que nos conducirán a la perfección y a la felicidad! Gracias también por habernos dotado de libre albedrío, esa prueba de tu sabiduría que quiere que alcancemos la gran meta de la perfección por los méritos propios del esfuerzo y la transformación.

INTRODUCCIÓN

Los hombres de genio llevan siglos esforzándose por encontrar una solución satisfactoria al gran problema del ser, del destino y del dolor. Las propuestas presentadas, cuando no divorciadas de la razón, se componían de conceptos negativistas, pesimistas que han llevado a sus seguidores a la desesperación, a la pérdida del objetivo de la vida e incluso al suicidio.

Gracias a la intervención de inteligencias superiores, a la humanidad se les ha ofrecido una sólida y hermosa solución a las preguntas esenciales de la existencia.

Esta solución racional goza del inmenso privilegio de basarse en innumerables hechos bien establecidos y conduce el pensamiento al rescate de los nobles objetivos de la existencia.

Ahora tenemos el Espiritismo, una magnífica filosofía espiritualista que armoniza elementos del pensamiento antes en conflicto: religión y razón, ciencia experimental y moral cristiana.

Cuando todo parecía conspirar contra el concepto de valor de la vida, esta Luz surge en la Europa del siglo XIX; doctrina sencilla, de una lógica poderosa, despojada de superstición, que nos muestra las leyes del mundo espiritual; leyes que pueden y deben estudiarse con la razón.

Transformación Interior

El Espiritismo revela la Causa del Universo en un Ser superior a todo lo sobrehumano que ejerce la Justicia Perfecta, pero al mismo tiempo lleno de Misericordia y Amor.

Nos muestra que somos seres trascendentales, espirituales e indestructibles, pertenecientes a dimensiones superiores de existencia, momentáneamente cubiertos por un cuerpo carnal y con la posibilidad de entrar en comunicación con los afectos que han cruzado los portales de la muerte física.

El estudio de la vida en el mundo espiritual nos muestra que existen diferentes grados evolutivos entre los Espíritus (que somos nosotros mismos despojados del cuerpo material), que existen aquellos poco desarrollados, ignorantes, cuyo nivel de comprensión se sitúa por debajo del de la humanidad terrestre, portadores de un gran atraso moral, del mal, grotescos, odiosos, vengativos, materializados... Hay otros que están un poco más desarrollados, que poseen conocimientos científicos, aprecian y desarrollan obras de arte, entienden conceptos filosóficos, pero todavía llevan las marcas del egoísmo, el orgullo y la vida sensual. Somos nosotros los que aún permanecemos en etapas de pocas virtudes.

Este estudio también aclara que hay Espíritus más desarrollados que nosotros y que aunque no han logrado la perfección, están mucho más cerca de ella. Son amables, sabios, conocen la ciencia de la vida, o son Espíritus de sabiduría. Hay quienes en este nivel más avanzado combinan las características de la gran ciencia y de los grandes valores morales; son los Espíritus superiores.

Finalmente, observamos la existencia de seres que han alcanzado el grado completo de desmaterialización y perfección; son los Espíritus puros. Este es nuestro destino, el estado al que llegaremos con esfuerzos de superación personal y de adquisición de virtudes completas.

El Espiritismo demuestra con razonamientos y hechos ultrasólidos que nuestro yo, después de desprenderse del cuerpo material y de un tiempo más o menos prolongado, debe unirse nuevamente a otro cuerpo que se está formando en el vientre de una mujer y reanudar la vida física para cumplir la Ley de Evolución con el fin de lograr la Perfección completa.

Nos muestra que el mundo espiritual es el mundo normal, preexistente y sobreviviente a todo y que para entender la finalidad de la existencia es necesario saber que en este mundo lo que importa son las cualidades intrínsecas del ser: inteligencia, conocimiento, habilidades y el valor moral.

Cuanto mayor sea la suma de valores que uno posee, cuanto más desarrollado esté el Espíritu (que somos nosotros mismos), más conocimientos y cualidades morales, más cerca estará este "Yo" de la Perfección, que es también el estado de la Felicidad Plena.

Esta extraordinaria filosofía también proporciona conocimiento de las leyes espirituales; este conocimiento era lo que faltaba para comprender el significado de las palabras de Jesús. Palabras envueltas en un velo de misterio y simbolismo. El Espiritismo revela lo que necesitamos para comprender la racionalidad, la lógica y la grandiosidad del cristianismo auténtico, original, puro, como nos legó el Maestro, y rescata la fe perdida entre los escombros de los errores humanos.

El Espiritismo es la base filosófica de este libro. Esta obra está dedicada a la parte Ética de la Filosofía Espírita. Abordada no solo de forma conceptual, sino fundamentalmente procedimental. Nos enseña cómo trabajar para lograr el desarrollo moral y reúne en un pequeño volumen excelentes pautas para promover la Transformación Interior.

Cada capítulo representa una lección, que contiene una Bienaventuranza relacionada con una o algunas de las virtudes de Benjamín Franklin. Estas lecciones son propuestas para implementar reuniones de estudio y reflexión.

Hay quienes cuestionan el valor de reuniones como estas, argumentando que la Transformación Interior es un esfuerzo individual. Estamos de acuerdo en que nadie más que nosotros mismos promoverá nuestra mejora espiritual; pertenece exclusivamente a nuestra libertad tomar decisiones y esforzarnos para el propio perfeccionamiento.

Reconocemos que es nuestra responsabilidad individual avanzar moralmente; sin embargo, esto no nos autoriza a considerar inútiles las reuniones de instrucción y los incentivos para que las personas mejoren su propio comportamiento.

18 |

Muchas personas nos han dicho que leer este libro y participar en estudios especializados para la mejora moral son eficaces y promueven resultados apreciables.

También hay que señalar que el tema de la «moral cristiana» es universal y no pertenece a ninguna secta. El hecho de que hayamos adoptado el Espiritismo como base filosófica no restringe el alcance y el interés de esta obra a todas las demás religiones y filosofías, entre otras cosas porque el Espiritismo es una filosofía cuyos principios coinciden con los de las grandes religiones del pasado y con los fundamentos de las actuales.

Siempre que el movimiento espírita sea activado por personas esclarecidas, estará abierto a la participación de individuos de diferentes corrientes de pensamiento filosófico y religioso. Esto por dos razones:

a) descubrimos que ese valor espiritual, la felicidad en la otra vida, la salvación, como dicen algunos, no depende de cómo crees, sino de como eres.

b) porque el Espiritismo no impone nada, sino que propone.

Este libro ha llegado en un momento muy oportuno, dada la inmensa importancia de promover nuestro propio progreso y también, en este sentido, de ayudar a nuestros seres queridos.

Por lo tanto, debemos estudiar y difundir las enseñanzas aquí presentadas.

LAS BIENAVENTURANZAS

En el Evangelio de san Mateo, el Sermón de la Montaña es un conjunto de preceptos de Jesús, que resume sus enseñanzas morales. Según los capítulos 5-7, Jesús de Nazaret, hacia el año 30 d. C., pronunció este sermón ante sus discípulos y una gran multitud, mientras se encontraba en la ladera de una montaña. Las Bienaventuranzas se encuentran al principio del Sermón (sermón transmitido al aire libre) y es una de sus partes más conocidas. El Sermón también contiene el «Padre Nuestro» y mandatos como «no resistáis al mal» (5:39) y «ofreced la otra mejilla», así como una versión de la Regla de Oro. Otras partes citadas con frecuencia son las que se refieren a la «sal de la tierra», la «luz del mundo» y advertencias como «no juzguéis, para que no seáis juzgados».

El Sermón de la Montaña es reconocido como un discurso que, mejor que todos los demás a lo largo de la historia, antes o después de él, captó la atención y la imaginación de sus oyentes.

«Y aconteció que cuando Jesús terminó este discurso, la multitud se maravilló de su doctrina, porque les enseñaba como quien tiene autoridad, y no como los escribas». (Mateo 7:28,29)

Las personas que escuchaban a Jesús aquel día quedaron ciertamente magnetizadas desde las primeras palabras;

cautivadas desde la primera frase, porque Jesús les decía cosas que superficialmente parecían absurdas.

El Sermón de la Montaña, sin embargo, no solo afectó al público inicial de manera profunda, sino que continuó de la misma forma, teniendo un efecto maravilloso en todos los que han leído el mensaje a través de los tiempos. En realidad, el Sermón de la Montaña dio forma a la historia. Desde el siglo II, ningún pasaje de la Escritura de extensión comparable ha ejercido una influencia tan grande como el Sermón. En el período anterior a Nicea, se citaban o hacían referencia a pasajes de este discurso más que a cualquier otra parte de la Biblia. Incluso en la actualidad, esas palabras siguen desafiando profunda e indistintamente tanto a cristianos como a no cristianos. Ellas indujeron a Tolstoi a cambiar completamente su teoría social e influenciaron a Gandhi en el desarrollo de su fuerza política, conocida como la no violencia. Hasta el mismo Nietzsche, que se opuso a las enseñanzas del Sermón, no ignoró sus palabras.

Mahatma Gandhi se refirió a las Bienaventuranzas con respeto, ¡y fue profundamente influenciado por ellas! Cuando abras tu Biblia en el Capítulo V del Evangelio según Mateo, nunca más volverás a ser el mismo. Tanto Gandhi como Martin Luther King se refirieron a esos pasajes, que comienzan con las Bienaventuranzas, como el mayor Manifiesto por la no violencia jamás escrito. De hecho, son grandiosas por muchas razones: por ser conmovedoras, por sensibilizar la conciencia, por su inclinación poética, por su moralidad y aplicabilidad.

Para Gandhi, todo el Sermón podría considerarse la parte de la figura histórica de Jesús. «A mí no me importa» –dijo una vez–, «si alguien demostrara que el hombre Jesús nunca existió y que el que leemos en el Evangelio no es más que un producto de imaginación del autor, el Sermón de la Montaña siempre será verdadero a mis ojos».

Muchos cristianos creen que el Sermón de la Montaña es una forma de comentario sobre los Diez Mandamientos y que el Cristo sería el verdadero intérprete de la Ley Mosaica. Una mayoría también considera que contiene los principios centrales que deben seguir los cristianos.

El Sermón de la Montaña comienza con las nueve Bienaventuranzas. Estos preceptos complementan los Diez Mandamientos del Antiguo Testamento dados a Moisés en el monte Sinaí. Las leyes del Antiguo Testamento hablan de aquellas cosas que no se deben hacer y conllevan un cierto sentido de severidad. Las leyes del Nuevo Testamento, por el contrario, hablan de las cosas que deben hacerse y transmiten la fragancia del amor.

Los antiguos Diez Mandamientos fueron escritos en tablas de piedra y enseñados a través de una educación exterior. Las leyes de El Nuevo Testamento también fueron escritas en tablas: en las tablas de corazones confiados. Si alguien considera el sermón que Jesucristo pronunció en la montaña con devoción y seriedad, como está escrito en el Evangelio de Mateo, encontrará la perfección y el más alto padrón moral para la vida cristiana, como podemos encontrar en las palabras del mismo Jesús:

Bienaventurados los pobres de espíritu, porque de ellos es el reino de los Cielos.

Bienaventurados los que lloran, porque ellos serán consolados.

Bienaventurados los mansos, porque ellos heredarán la tierra.

Transformación Interior

Bienaventurados los que tienen hambre y sed de justicia, porque ellos estarán satisfechos.

Bienaventurados los misericordiosos, porque ellos alcanzarán misericordia.

Bienaventurados los de limpio corazón, porque ellos verán a Dios.

Bienaventurados los pacificadores, porque ellos serán llamados hijos de Dios.

Bienaventurados los que padecen persecución por causa de la justicia, porque de ellos es el reino de los Cielos.

Bienaventurados seréis cuando os insulten y os persigan y, deseando toda clase de mal contra vosotros, mintiendo, por mi causa.

Regocijaos y alegraos, porque vuestra recompensa es grande en los cielos; porque de la misma manera persiguieron a los profetas que fueron antes de vosotros.

(MATEO 5:3-12)

I
AUTOCONOCIMIENTO
SINCERIDAD
CONÓCETE A TI MISMO

«Conoceréis la verdad y la verdad os hará libres».
JESÚS (JUAN 8:32)

El antiguo aforismo griego «Conócete a ti mismo» fue una vez inscrito en letras doradas en el atrio del Templo de Apolo en Delfos. Desde entonces, ha dejado una huella indeleble en nuestras mentes, en todas las culturas, y su influencia en los tiempos modernos es más fuerte que nunca. La frase «conócete a ti mismo» se ha convertido en sinónimo de autorrealización y autoconocimiento.

El origen de este famoso aforismo se atribuye al menos a seis antiguos sabios griegos:

Chilon (ou Quilon) de Esparta (Chilon I 63,25)

Heráclito

Pitágoras

Sócrates

Solón de Atenas

Tales de Mileto

Transformación Interior

En *El libro de los espíritus*, en las preguntas 919 y 919a, Allan Kardec pregunta a los Espíritus sobre el autoconocimiento. La respuesta iluminada viene del Espíritu san Agustín.

¿Cuál es el medio práctico más eficaz para mejorar en esta vida y resistir a la incitación del mal?

«Un sabio de la Antigüedad os lo ha dicho: "Conócete a ti mismo"».

La regla orientadora de Sócrates, «Conócete a ti mismo», es de significado eterno. Nunca se dio un mejor consejo a un hombre o una mujer. Una comprensión profunda sobre toda la creación comienza cuando empiezas a explorar este dicho.

El enfoque socrático comienza con el supuesto de que la falta de autoconocimiento es simplemente una forma de ignorancia, que debe combatirse de la misma manera que otras ignorancias se combaten, es decir, sustituyendo la ignorancia por el conocimiento. «El alma, …debe ser interrogada sobre su ignorancia y hacia sí misma».

[919a] – *Entendemos toda la sabiduría de esa máxima. No obstante, la dificultad consiste precisamente en conocerse a sí mismo. ¿De qué modo podemos lograrlo?*

«Haced lo que yo hacía cuando vivía en la Tierra. Al concluir el día, interrogaba a mi conciencia. Entonces pasaba revista a lo que había hecho y me preguntaba si no había faltado en algo al deber, si nadie había tenido que quejarse de mí. De ese modo llegué a conocerme y pude ver lo que había para reformar en mí. Aquel que, cada noche, recuerde todas sus acciones de la jornada y se pregunte a sí mismo por el bien o el mal que ha hecho, rogándole a Dios y a su ángel de la guarda que lo iluminen, adquirirá una gran fuerza para perfeccionarse. Porque, creedme, Dios lo asistirá. Así pues, formulaos preguntas e indagad acerca de lo que habéis hecho y con qué objetivo obrasteis en determinada circunstancia; si hicisteis algo que censuraríais en los demás; si habéis llevado a cabo una acción que no os atreveríais a confesar. También preguntaos esto: "Si Dios quisiera llamarme en este momento, al regresar al mundo de los Espíritus, donde nada está oculto, ¿tendría que temer la mirada de alguien?».

«Examinad lo que podríais haber hecho contra Dios, luego contra vuestro prójimo, y por último contra vosotros mismos. Las respuestas serán un alivio para vuestra conciencia, o la indicación de un mal que es preciso tratar.

«El conocimiento de sí mismo es, por consiguiente, la clave del mejoramiento individual. 'No obstante –diréis vosotros–, ¿cómo puede uno juzgarse a sí mismo? ¿Acaso no tenemos la ilusión del amor propio, que atenúa las faltas y las excusa? El avaro se considera simplemente ahorrativo y previsor. El orgulloso cree que lo que posee es tan solo dignidad.' Eso es muy cierto, pero vosotros disponéis de un medio de control con el que no podréis engañaros. Cuando estéis indecisos acerca del valor de una de vuestras acciones, preguntaos cómo la calificaríais si la hubiese realizado otra persona. En caso de que la censuréis en el prójimo, no podrá ser legítima en vosotros, pues Dios no tiene dos medidas para la justicia.

Asimismo, procurad saber lo que los demás piensan de esa acción, y no descuidéis la opinión de vuestros enemigos, pues estos no tienen ningún interés en disfrazar la verdad. Muchas veces Dios los pone a vuestro lado como un espejo para haceros una advertencia, con mayor franqueza que como lo haría un amigo. Así pues, quien tenga la firme determinación de mejorar, explore su conciencia a fin de arrancar de ella las malas inclinaciones, del mismo modo que arranca las malas

Transformación Interior

hierbas de su jardín; haga un balance de su jornada moral, así como el comerciante hace el de sus pérdidas y ganancias, y os aseguro que aquel balance le dará más beneficios que este. Si puede decirse a sí mismo que su jornada ha sido buena, podrá dormir en paz y esperar sin temor el despertar en la otra vida.

«Formulaos, pues, preguntas claras y precisas, y no temáis hacerlo en demasía, pues bien se puede invertir algunos minutos para conquistar la dicha eterna. ¿Acaso no trabajáis todos los días con miras a reunir los bienes que os garanticen el descanso en la vejez? Ese descanso, ¿no es el objeto de vuestros anhelos, el fin que os hace soportar fatigas y privaciones momentáneas? Pues bien, ¿qué es ese descanso de algunos días, perturbado por los achaques del cuerpo, comparado con el que lo aguarda al hombre de bien? ¿No vale la pena hacer un esfuerzo para conseguirlo? Sé que muchos afirman que el presente es positivo y que el porvenir es incierto. Ahora bien,

esa es precisamente la idea que estamos encargados de destruir en vosotros, pues queremos haceros comprender ese porvenir de tal modo que no quede ninguna duda en vuestra alma. Por eso, en primer lugar, hemos llamado vuestra atención con fenómenos cuya naturaleza impresionara vuestros sentidos, y después os dimos instrucciones que cada uno de vosotros está encargado de difundir. Con ese objetivo hemos dictado El Libro de los Espíritus».

San Agustín

Muchas de las faltas que cometemos nos pasan inadvertidas. En efecto, si siguiéramos el consejo de san Agustín e interrogáramos más a menudo nuestra conciencia, veríamos cuántas veces hemos caído en falta sin pensarlo, por no examinar la naturaleza y el móvil de nuestros actos. La forma interrogativa es algo más precisa que una máxima que por lo general no aplicamos en nosotros mismos. Exige respuestas categóricas: por sí o por no, sin más alternativas. Son otros tantos argumentos personales, y por la suma de las respuestas podemos calcular cuánto hay de bien y de mal en nosotros.

Allan Kardec

¿CÓMO PODEMOS CONOCERNOS MEJOR?

La sinceridad es una de las 13 virtudes de Benjamín Franklin, que nos puede ayudar en el proceso de autoconocimiento. A través del uso de pequeños autoanálisis podemos afirmar fácilmente que la sinceridad es absolutamente necesaria, porque no será intentando engañarnos a nosotros mismos o siendo condescendientes con nuestros errores como adquiriremos autoconocimiento y, por tanto, ser capaces de trabajar en las áreas que necesitamos mejorar.

| 29

La máxima «Conócete a ti mismo» es hermosa en palabras, pero quienes la han intentado saben que una de las mayores barreras es ser capaz de verse a sí mismo con objetividad y sinceridad. Todos tenemos prejuicios internos sobre quiénes somos, y estos prejuicios pueden teñir la imagen que tenemos de nosotros mismos. Es muy difícil vernos como nos ven los demás. A menudo, no podemos ser objetivos sobre nuestro yo emocional porque creamos defensas internas que impiden una autoevaluación correcta.

Nuestros *insights* (introspección) sobre nosotros mismos generalmente contienen una conveniente cantidad de puntos oscuros. Es raro encontrar un individuo autorrealizado, capaz de hablar libre y honestamente de sus defectos y capacidades.

Transformación Interior

Conocerse a uno mismo es en realidad un viaje que dura toda la vida que deberíamos comenzar con plena confianza en las observaciones y experiencias personales que hemos experimentado hasta ahora.

Descubrir lo que realmente está pasando en nuestras mentes es una ventaja para nosotros. Pero ¿cómo podemos hacer esto cuando gran parte de nuestra vida mental no está disponible para la introspección? No es fácil, pero tenemos muchos caminos abiertos. En primer lugar, podemos intentar ser observadores cuidadosos de nuestro propio comportamiento (Bem, 1972). Podemos intentarlo ver a través de los ojos de otras personas, o al menos considerar la posibilidad de que hayan captado algo que nosotros pasamos por alto.

Podemos intentar aprender sobre nosotros mismos a través de la lectura y de la asimilación de nuevos descubrimientos en la ciencia de la psicología. La mayoría de nosotros ya prestamos atención a los descubrimientos de la medicina corporal (por ejemplo, que fumar es perjudicial), y es necesario un pequeño esfuerzo de imaginación para darnos cuenta de que podemos aprender de la misma manera sobre nuestro ser psicológico.

Existen aún otros aspectos que se deben analizar cuando hablamos de autoconocimiento: el autoenaltecimiento y la autoverificación.

El autoenaltecimiento es cuando una persona se centra más en sus características positivas que en las negativas. La autoverificación se refiere a la preferencia por información correcta sobre uno mismo, ya sea positiva o negativa. En esencia, parece que las personas se elogian a sí mismas más de lo que se autoevalúan. Por ejemplo, preferimos información detallada sobre nuestros rasgos positivos más que sobre los negativos.

También tendemos a invalidar los rasgos negativos centrales de nuestra identidad a diferencia de esos periféricos. Cuando las personas nos ven de forma positiva por una determinada característica, nosotros hacemos lo mismo. Y cuando vemos a personas con un determinado rasgo positivo, volvemos a elogiarnos a nosotros mismos. Cuando pensamos en nuestras propias características, nuestro concepto de nosotros mismos es una historia que nuestra mente inconsciente crea sobre nosotros mismos, y esta historia puede no ser verdadera. Es difícil tener acceso a informaciones correctas sobre nosotros mismos. No se consigue mucho con la introspección y la reflexión. Por tanto, esta es una historia que usamos para sentirnos mejor y construir mejores relaciones con los miembros del grupo.

Una vida sin cuestionamientos no vale la pena vivirla. | 31

Platón

AUTOCONOCIMIENTO Y TRANSFORMACIÓN INTERIOR

Para comenzar a procesar los cambios es necesario darnos cuenta de que es esencial que identifiquemos formas de mejorar nuestro autoconocimiento. Si miramos dentro de nosotros mismos podremos ver nuestro mundo interior de pensamientos, sentimientos y emociones, y así los comprenderemos. Como resultado, seremos capaces de reconocer lo que nos hace sentir tristes, felices e incluso más espirituales.

Transformación Interior

Usando esta técnica de evaluación podemos comenzar a programar nuestra transformación moral. De esta manera, podemos trabajar en lo que necesitamos cambiar en nuestras acciones, en nuestras vidas, y en la forma como nos relacionamos con los demás. Seremos capaces de desvelar nuestros secretos íntimos y embarcarnos en un viaje increíble hacia nuestra autotransformación.

Sin embargo, es fundamental eliminar ciertos conceptos arraigados que nos desaniman, como: «Yo nunca conseguiré mejorar», «Nunca consigo lo que quiero» o «Nunca seré feliz». Las mejoras ocurren cuando trabajamos por ellas. Frecuentemente, encontramos lo que buscamos, pero debemos reconocer cuando esto sucede. Aquellos que creen que nunca los encontrarán, generalmente no se dan cuenta de lo que tienen frente a ellos.

He aquí una historia para ilustrar la situación: Un hombre está sentado en el tejado de su casa mirando todo el pueblo inundado, incluyendo tu casa. El nivel del agua continúa subiendo. Un hombre viene con un pequeño bote y le pide que se suba, pero él dice que está esperando que Dios le ayude. Un poco más tarde, un helicóptero da vueltas y lanza una cuerda y una silla para levantarlo, pero el hombre dice que quiere que Dios venga a socorrerlo.

El hombre se ahoga, va para cielo y le pregunta a Dios: «¿Dónde estabas cuando te necesitaba?» Dios le responde: «Te envié un barco y un helicóptero. ¿Aceptaste mi ayuda?».

Si existe la voluntad, encontrarás la manera de llegar allí, o al menos lo más cerca posible. Si existe la voluntad de cambiar, definitivamente puedes cambiar. Si no tienes la voluntad de cambiar, entonces nadie podrá mostrarte cómo hacerlo. Recuerda, es más fácil corregirnos que corregir a los demás, pero debemos estar dispuestos a cambiar.

> *Quien conoce a los demás es inteligente.*
> *Quien se conoce a sí mismo es un iluminado.*
> *Quien vence a los demás es fuerte.*
> *Quien vence así mismo es invencible.*

Tao Te Ching

LECTURA COMPLEMENTARIA

Recomendamos al lector leer el texto que aparece a continuación, subrayando los pasajes que más le han conmovido y que siente la necesidad de ser trabajados.

[...]

| 33

En la carrera desenfrenada de las competencias, muchos temen manifestar los sentimientos nobles que están vigentes en ellos, ante la posibilidad de ser tenidos en condición de inferioridad, ya que los valores de la dignificación humana, de la belleza de la elevación moral, reciben burlas por respuesta, pasando a la condición de debilidad mental, cuando no a ser considerados trastornos de la personalidad.

Se vuelve entonces urgente el necesario coraje para romper con las falsas acusaciones y sobreponerse a las insinuaciones malévolas, sin dar cabida a la saña contundente del pesimismo o de la agresividad para vivir a Jesús.

La implantación del cristianismo, en los días modernos, es un trabajo de reeducación de los viejos hábitos, revolucionando el comodismo y sacudiendo el polvo acumulado sobre sus más graves comportamientos, a fin de que brille la luz...

Transformación Interior

Es evidente que esto exige numerosos testimonios que pueden demostrar a los demás la excelencia de sus conceptos, en el comportamiento feliz de quienes se postula para esos menesteres.

Sin embargo, no fue otro el tributo que los primitivos seguidores de Jesús. Humillados y subestimados, bajo persecuciones insidiosas e inclementes, ellos supieron soportar las consecuencias de su elección y lograron a través del ejemplo, sensibilizar incluso a aquellos que los hostilizaban.

La situación, en cierto modo, es casi la misma.

Existe un debilitamiento de los postulados de fe y un descrédito respecto a la legitimidad de la enseñanza, en aquellos mismo que lo profesan.

Corresponde restablecer la pujanza de la experiencia cristiana, no debiendo temer los discípulos espíritas del Evangelio a las situaciones humanas dominantes, reeducándose a las líneas severas de la Doctrina Espírita, en provecho propio y en el de sus semejantes, en una vehemente convocatoria para que la Humanidad y el mundo se transformen para mejor con Jesús, mediante la real implantación de sus enseñanzas, que conducen a patrones superiores de conducta.

Esa labor es urgente, y todos aquellos que conviven en la Inmortalidad, conociendo el alto y noble compromiso de la reencarnación, deben actuar con seguridad para que los «tiempos llegados» no pasen, dejándolos en la retaguardia del progreso.

(*Enfoques espíritas*, cap. 5 - Cristianización del hombre. Por el Espíritu Vianna de Carvalho por intermedio de Divaldo Pereira Franco)

2
HUMILDAD Y ORGULLO
HUMILDAD

OBJETIVO: Analizar la importancia de ser humilde, teniendo como base la primera Bienaventuranza enseñada por Jesús en el Sermón de la Montaña, y correlacionar esta enseñanza con una de las trece virtudes de Benjamín Franklin: La humildad.

2.1. BIENAVENTURADOS LOS POBRES DE ESPÍRITU, PORQUE DE ELLOS ES EL REINO DE LOS CIELOS.

(MATEO 5:3)

Muchos estaban confundidos acerca de a quién tenía en mente Jesús cuando se refirió a los «pobres de espíritu». Él no quiso decir que aquellos eran carentes de inteligencia, sino más bien que para entrar en buenas condiciones a la Vida Espiritual, la persona debe cultivar la sencillez de corazón y la humildad de espíritu. También quería dejar muy claro que si una persona tuviera solo dos cualidades especiales: sencillez y humildad, esa persona, aunque fuera ignorante (carente de conocimientos), tendría más posibilidades de prosperar y evolucionar en el mundo espiritual que una persona inteligente que se cree más sabia incluso que el mismo Dios, como a veces sucede con los orgullosos. Según el pensamiento de Jesús, la humildad es una virtud que acerca a las personas a Dios, y el orgullo es un defecto que las aleja cada vez más de Él, porque la humildad lleva a la sumisión a Dios, mientras que el orgullo alimenta la rebeldía contra Él.

Esta enseñanza de Jesús es una consecuencia del principio de la humildad, que Él presenta incesantemente como condición esencial para la felicidad. El mismo pensamiento fundamental se encuentra en las máximas: «Aquel que quiera ser el más grande debe ser el servidor» y «Quien se humilla será ensalzado, y el que se enaltece será humillado».

Si Jesús prometió que los pobres y humildes serían más fácilmente admitidos en el reino de los Cielos, es porque la riqueza y el poder frecuentemente traen consigo orgullo y vanidad, mientras que una vida sencilla y de trabajo duro es mucho más propicia para conducirnos al progreso moral. En el cumplimiento de las tareas diarias de su estilo de vida, el trabajador se ve menos acosado por la tentación y los deseos dañinos, porque hay frecuentes oportunidades para meditar y desarrollar la propia conciencia. El individuo mundano, por el contrario, está absorto en actividades frívolas de placer y/o especulación.

En general, en nuestro mundo, los hombres y mujeres con un gran conocimiento intelectual se consideran tan eruditos que piensan que creer en Dios, o en cualquier asunto espiritual, los disminuye ante sus semejantes. De hecho, algunos llegan tan lejos como para creer que son tan sabios que pueden negar la existencia de Dios, afirmando que cualquier cosa en este mundo puede explicarse por sus ciencias, sin tener que recurrir a Dios.

Como no admiten que las cosas puedan suceder más allá del alcance de sus visiones o acciones, no conciben la existencia de mundos invisibles. Están tan convencidos de su sabiduría que les resulta imposible reconocer las recompensas reservadas exclusivamente para aquellos que son los «pobres de espíritu», a diferencia de los humildes.

El orgullo es también la fuente de origen de nuestro sufrimiento en la otra vida, porque sus consecuencias van más allá de la muerte. El Espiritismo nos muestra que aquellos que ocuparon cargos importantes en la vida terrena se encontrarán a menudo en condiciones inferiores en el mundo espiritual. Por otro lado, muchos de los que no tuvieron papeles importantes en la Tierra, pero utilizaron su tiempo cultivando virtudes espirituales, ocupan posiciones más elevadas y confortables en el mundo espiritual. De la misma manera, el Espiritismo nos enseña que las personas investidas de posiciones importantes en su vida terrena, si fueron dominadas por la ambición y el orgullo, acaban teniendo que vivir situaciones extremadamente difíciles en futuras encarnaciones. Un poco de sabiduría y humildad pueden preservarnos de tener que afrontar estas tribulaciones.

Todas las personas, desde las más altas hasta las más bajas, están hechas del mismo barro. Ya sean vestidos de seda o de harapos, sus cuerpos están animados por el mismo tipo de espíritu y todos se encontrarán en el mundo venidero. Entonces y solo entonces, y solo por sus valores morales, se distinguirán. El más grande aquí en la Tierra puede convertirse en un mendigo en el espacio, y viceversa, el mendigo de la Tierra puede usar una túnica deslumbrante en el Mundo Espiritual. No despreciemos a nadie y no seamos orgullosos, porque nadie sabe lo que nos puede deparar el mañana.

2.2 HUMILDAD – IMITA A JESÚS Y A SÓCRATES

Consciente de que su carácter necesitaba ser perfeccionado, Benjamín Franklin se dio a la tarea de escribir una lista de virtudes. Él concibió y escribió un plan en el que identificó las virtudes que consideraba importantes. Su consejo para alcanzar la humildad es muy simple, pero profundo: Imitar a Jesús y a Sócrates.

La lista original de las virtudes de Benjamín Franklin constaba en realidad de doce virtudes, en lugar de trece. Franklin explica: «Mi lista de virtudes inicialmente contenía doce; pero un amigo cuáquero me informó amablemente que yo generalmente era visto como orgulloso; que mi orgullo a menudo se mostraba en las conversaciones, que no me quedaba satisfecho con apenas discutir algún tema, sino que era arrogante, y tal vez insolente, y por eso me convenció, mencionando varios ejemplos; determiné entonces emplear esfuerzos para curarme, si pudiera, de este defecto o desatino entre los demás, y añadí la humildad a mi lista, dando un significado amplio a la palabra. Cuando alguien afirmaba algo que yo creía que era un error, yo me negaba el placer de contradecirlo bruscamente y de mostrar de inmediato lo absurdo de su posición, y en consecuencia, comencé a observar que en ciertos casos o circunstancias su opinión sería correcta, pero que en el caso presente me parecía lo contrario, etc. Pronto descubrí la ventaja de este cambio en mi manera de ser; las conversaciones en las que participé se volvieron más agradables. La manera modesta en que propuse mis opiniones encontró una pronta recepción y menos contradicciones cuando estaba equivocado, y convencí más fácilmente a los demás de que abandonaran sus errores y se unieran a mí cuando tenía razón».

«En realidad, no existe ninguna de nuestras características naturales tan difícil de superar como el orgullo. Lucha contra él, sofócalo, atácalo, mortifícalo tanto como puedas. Él seguirá vivo y, de vez en cuando, reaparecerá para exhibirse. Lo verás, quizás frecuentemente, en esta historia; incluso si imaginamos que lo hemos superado completamente, probablemente todavía mostraremos orgullo de nuestra humildad».

(*Autobiografía* de Benjamín Franklin)

2.3. ORGULLO

Si alguien tuviera el derecho de ser orgulloso, ese sería Dios. Después de todo, Él creó el universo sin tu ayuda ni la mía. Dios es increado, eterno y completamente perfecto. Él mismo habita en luz inaccesible. Tiene todo el poder, es glorioso, perfecto en belleza y esplendor, omnisciente: nada ni nadie puede compararse con Él. Dios es el único calificado para ser orgulloso. Y aun así, es humilde.

El orgullo es la mayor plaga de la humanidad. El orgullo es la motivación para creer que el «YO» debe estar antes que todo y todos. Es el orgullo lo que nos lleva al odio, a la envidia, a los deseos inferiores, a la criminalidad y a todas las demás cosas que nos hacen considerarnos superiores a nuestros semejantes. El orgullo busca aprovecharse de los demás, a quienes considera inferiores, para satisfacerse.

El orgullo tiene muchas caras. Puede ser visto, por ejemplo, en el egoísmo, con actitudes como: «¿Cuál será mi ventaja en esto?». El orgullo es claramente rebelde, un poder que lucha contra la autoridad, no importa si son padres, maestros, jefes o incluso Dios. Una persona orgullosa odia el hecho de que alguien más pueda ser superior a ella; piensa que esto la rebaja ante los demás.

Transformación Interior

Los orgullosos se ofenden fácilmente, guardan rencor y no están dispuestos a perdonar. Son intratables y testarudos, no cambian sus ideas para aceptar la verdad, porque hacerlo implica que estaban equivocados. Los orgullosos se niegan a aprender la humildad y, en cambio, viven sus vidas priorizándose a sí mismos, mientras consideran la vida de las otras personas inferiores a las suyas, y secundarias a sus necesidades y deseos.

La mente de un individuo orgulloso trata de construir todo en su mundo interno para proporcionarse adoración y alabanza continuas a sí mismo, a su ego. Organiza sus conquistas y realizaciones en una fijación interna, y los contempla con autosatisfacción. Si otros parecen sobresalir más, el individuo orgulloso intenta encontrar la manera de disminuirlos o encontrarles defectos. El orgullo tiene muchos síntomas y características. ¡La parte más difícil de él es verlo en nosotros mismos! Comúnmente, las personas que aborrecen el orgullo en los demás son aquellas que suelen ser más orgullosas.

El orgullo no solo nos impide recibir afecto de los demás, sino que también nos imposibilita mejorarnos a nosotros mismos, engañándonos sobre nuestro valor y cegándonos ante nuestros defectos. Solo examinando rigurosamente nuestros pensamientos y acciones podemos esperar reformarnos. ¿Cómo es posible que un individuo orgulloso se someta a este autoanálisis? De todas las personas, la persona orgullosa es la última en conocerse a sí misma.

Deslumbrada por sí misma, nada puede abrirle los ojos ya que tiene el cuidado de evitar a quienes pueden esclarecerla. El orgullo nos dificulta ver las verdades. Para poder estudiar el universo y sus leyes de forma beneficiosa, necesitamos, ante todo, simplicidad, sinceridad y claridad de pensamiento, una mente y un corazón abiertos –y estas cualidades no se encuentran en las personas orgullosas. El pensamiento de lo que trasciende a su comprensión es intolerable y su orgullo lo rechaza de inmediato. Un individuo así sufre bajo la ilusión de que su opinión abarca los límites de lo posible, y la propia idea de que su conocimiento y comprensión puedan tener limitaciones le resulta difícil de admitir.

Irónicamente, al negarnos a aceptar el hecho de que existe una inteligencia y acciones muy superiores a las nuestras – la inteligencia universal de Dios– sabotean el proceso de su propia evolución intelectual, así como la expansión del conocimiento que tanto valoran.

Aquel que es sencillo y humilde de corazón alcanza más rápidamente la verdad a pesar de una posible inferioridad mental que el individuo presuntuoso que se envanece de conocimientos terrenales y se rebela contra la ley que, una vez reconocida, revela su propia pequeñez.

| 41

Todos los seres humanos son iguales en la balanza divina y solo sus virtudes los distinguen unos de otros a los ojos de Dios. Todos los Espíritus son de una única esencia y todos los cuerpos están hechos de la misma sustancia. La caridad y la humildad son los únicos títulos de nobleza que importan en la vida espiritual.

El orgullo es un vano intento de satisfacer una profunda necesidad emocional que tenemos de afirmación, pero si somos capaces de darnos cuenta de que ya somos inmensamente importantes para Dios, que pesa muy cuidadosamente nuestras acciones y sus consecuencias, podemos liberarnos del orgullo.

4. ¿Cómo podemos superar nuestro orgullo y volvernos humildes?

Transformación Interior

La respuesta es muy sencilla. Podemos practicar la humildad. La humildad en acción combate el orgullo. El orgullo está en nuestra naturaleza y la humildad es algo que necesitamos aprender. La humildad no es una característica que tenemos por naturaleza. Por lo tanto, la humildad debe ser una elección consciente que podemos incorporar a nuestros intentos diarios para mejorar nuestra forma de vivir nuestra vida. Cada situación que afrontamos puede aportar un elemento de orgullo y una oportunidad para practicar la humildad.

Hay situaciones que, según los conceptos actuales, conducen al resentimiento e incluso hasta la venganza. Si intentamos afrontar estas situaciones con más calma, nos daremos cuenta de que hay otras posibilidades, como perdonar y mantener la mente libre de reacciones instintivas. Podemos mantenernos humildes y accesibles a cualquier consejo eventual que se nos ofrezca. También existe la posibilidad de prestar servicios voluntarios, que ciertamente nos llevará a estimar a los demás como nos estimamos a nosotros mismos. Podemos convertirnos en edificadores, elevando a otros tan alto como nosotros o incluso más alto que a nosotros mismos. Podemos empezar de nuevo cada vez que surja la necesidad.

Nadie jamás murió ahogado tragándose su orgullo.

(ANÓNIMO)

La lista que figura a continuación se ha extraído del sitio web www.wikihow.com[3] y nos ofrece sugerencias sobre cómo ejercer la humildad.

1. **Aprecia tus talentos.** Ser humilde no significa que no puedas sentirte bien contigo mismo. La autoestima

---

3   Creado por: Waited, Sondra C, Eric Wester, Anónimo.

no es lo mismo que el orgullo. Ambos vienen del reconocimiento de tus propios talentos y cualidades. El orgullo, sin embargo, el tipo de orgullo que nos inclina a la arrogancia, tiene sus raíces en nuestra inseguridad. Reflexiona sobre tus habilidades y siéntete agradecido por ellas.

2. **Realiza una evaluación honesta de ti mismo.** La honestidad contigo mismo es la mejor política. Si sabes que tienes deficiencia en algún área determinada, tus enemigos no tendrán poder sobre ti.

3. **Comprende tus limitaciones.** No importa cuán talentoso seas, casi siempre habrá alguien que pueda hacer algo mejor que tú. Incluso si eres el mejor en algo, hay otras cosas importantes que vale la pena hacer, pero algunas de ellas quizás nunca puedas hacerlas. Reconocer no significa renunciar a aprender cosas nuevas o mejorar tus habilidades existentes. Esto significa aceptar los límites reales de tus capacidades.

4. **Reconoce tus propios defectos.** Juzgamos a los demás porque es mucho más fácil que mirar nuestros propios defectos. Infelizmente, esto también es totalmente improductivo y muchas veces perjudicial. Hacemos juzgamientos sobre los demás todo el tiempo, y muchas veces ni siquiera nos damos cuenta. Como ejercicio práctico, intenta sorprenderte a ti mismo juzgando a otra persona o grupo de personas y, cuando lo hagas, júzgate y piensa en cómo podrías mejorar.

5. **Deja de comparar.** ¿Por qué? Porque es prácticamente imposible ser humilde cuando te esfuerzas por ser «el mejor» o intentas ser «mejor» que los demás. Dejemos de lado las comparaciones sin sentido y simplistas, y podrás ser capaz de disfrutar despreocupadamente de

cosas sin importarte quién es mejor o peor: si tú o los demás.

6. **Aprecia los talentos y cualidades de los demás.** Desafíate al mirar a los demás y apreciar las cosas que pueden hacer y, principalmente, a apreciar a las personas por lo que son. Seguirás teniendo tus preferencias personales, tus gustos y disgustos, pero entrénate para separar tus opiniones de tus miedos y apreciarás más a los demás, serás más humilde.

7. **No tengas miedo de cometer errores.** Nunca tengas miedo de admitir que cometiste un error. Entender que vas a cometer errores, es una de las características de ser humilde. Entiende esto, y comprende que todos cometemos errores y te liberarás de una pesada carga. ¿Por qué cometemos errores? Porque no lo sabemos todo.

8. **No tengas miedo del juicio de los demás.** Es fácil reconocer que cometemos errores y que no siempre tenemos la razón. Un poco más difícil, sin embargo, es la capacidad de reconocer que, en muchos casos, otras personas -incluso aquellas que no están de acuerdo contigo- pueden tener razón. Aceptar los deseos de tu cónyuge, una ley con la que no estás de acuerdo, o incluso, a veces, la opinión de tu hijo, lleva el reconocimiento de tus propias limitaciones a un nivel diferente.

9. **Busca orientación.** Estudia textos edificantes y proverbios sobre la humildad. Ora, medita, haz todo lo posible para prestar atención a lo que está más allá de ti mismo. Si no eres espiritualizado, considera el método científico. La ciencia requiere humildad. Ella requiere que abras la mano de tus preconceptos y

juzgamientos, y que comprendas que no sabes tanto como crees que sabes.

10. **Piensa en ti mismo en diferentes circunstancias.** Mucho de lo que nos atribuimos es en realidad producto del destino, de situaciones pasajeras y de la misericordia divina. Estaremos en situaciones muy diferentes en esta vida o en vidas venideras.

11. **Ayuda a los demás.** Una gran parte de ser humilde es respetar a los demás y ayudarlos. Trata a las demás personas como iguales y ayúdalas porque es hacer lo correcto. Se sabe que cuando ayudas a otras personas que no tienen posibilidad de recompensarte, has aprendido la humildad.

12. **Permanece siendo un aprendiz.** Encuentra personas que admires en determinados campos y pídeles que sean tus mentores. Un espíritu inaccesible es un espíritu orgulloso, que se posiciona en oposición a la humildad.

13. **Practica la bondad.** La bondad de espíritu es el camino hacia la humildad. Siempre que sea posible, cuando nos encontramos con un conflicto, absorbamos el veneno de los ataques y reaccionemos con amabilidad y respeto.

Ten en cuenta que ser humilde tiene muchos beneficios. La humildad puede ayudarte a ser más feliz en tu vida y también puede ayudarte a soportar los momentos difíciles y a mejorar tus relaciones con los demás. También es necesario para ser un estudiante eficaz. Si crees que lo sabes todo, no tendrás la mente lo suficientemente abierta para buscar nuevos conocimientos, una herramienta excelente para el autodesenvolvimiento en general. Después de todo, si te sientes superior, no tienes ningún incentivo para mejorar.

LECTURA COMPLEMENTARIA

Recomendamos al lector leer el texto que aparece a continuación, subrayando los pasajes que más le han conmovido y que siente la necesidad de ser trabajados.

SERMÓN DE LA MONTAÑA

En las proximidades del Mar de Galilea, un grupo de hombres marchaba sin ser visto. Eran ladrones que intentaban aprovecharse de las peregrinaciones a lo largo del camino. Habían oído que un profeta estaba predicando en esa zona y esto les pareció una gran oportunidad para obtener ventaja. Siguieron a la multitud y esperaron la mejor ocasión para robar a los fieles.

Sus corazones estaban endurecidos; la vida había sido difícil para ellos. Muchos fueron abandonados muy jóvenes y tuvieron que aprender a cuidar de sí mismos, mientras que otros enfrentaron desafíos abrumadores. Ellos sentían tanto desprecio por sus semejantes que no había lugar en sus corazones para la compasión.

Esperaron hasta que el pueblo se tranquilizó y se sentaron pacíficamente, mientras esperaban que el profeta les hablara. Entonces se oyó una voz fuerte y suave que decía: Bienaventurados los mansos, porque ellos heredarán la Tierra. Bienaventurados los perseguidos por causa de la justicia, porque de ellos es el Reino de los Cielos.

Mientras el hombre continuaba, se sintieron paralizados; algunos de ellos querían moverse y escapar del letargo que los invadía, desgarrando sus almas. Aquellas palabras cautivadoras, dichas con tanto amor y compasión, los dejaron congelados en sus lugares, mientras las personas a su alrededor, estaban bañadas en lágrimas y completamente maravilladas, trataban de absorber el significado de las palabras que decía el profeta. Ellos sintieron un deseo incontrolable de llorar, y las lágrimas rodaron por sus rostros.

¿Quién era ese hombre? Parecía que miraba directamente a cada uno de ellos. Podían ver sus miradas cruzarse, podían escuchar su voz dominando sus seres, y se sentían acariciados, protegidos y amados como nunca antes se habían sentido.

Amigos míos, estamos lejos de comprender el poder y el amor de Jesús. Estamos lejos de sentir la misma expresión de amor que vino del corazón del Maestro, pero aún podemos ayudar a nuestros hermanos y hermanas, como Él lo hizo.

Recuerden que los criminales y malhechores de esta Tierra no tienen amor y cariño. No se abstengan de orar por ellos y por todos aquellos que están olvidados por el mundo, porque el Maestro, Jesucristo, está siempre con nosotros, dándonos su fuerza y su amor siempre que ayudemos a nuestros hermanos necesitados. Nunca te canses de amar y dar tu cariño y te sorprenderás de la transformación que tus buenas acciones inducirán en todos aquellos que fueron capaces de recibir tus amables palabras y oraciones.

Que el amor de Dios esté con vosotros y la compasión de Jesús sea tu fuente eterna de inspiración.

Hermana Catalina

(Mensaje psicografiado por Jussara Korngold durante la reunión mediumnidad del SGNY –Nueva York– 15/dic/2008)

Transformación Interior

JESÚS LAVA LOS PIES A SUS DISCÍPULOS – LA MAYOR LECCIÓN DE HUMILDAD

Fue un poco antes de la fiesta de Pascua. Sabiendo Jesús que había llegado la hora de pasar de este mundo para el del Padre, habiendo amado a los suyos que estaban en el mundo, amándolos hasta el fin.

Acababa de cenar, cuando Judas Iscariote, hijo de Simón quien lo traicionaría, tenía metido en su corazón el diablo. Jesús, sabiendo que el Padre había depositado todas las cosas en sus manos y que había salido de Dios y para Dios iba. Jesús se levantó de la mesa y se envolvió una toalla alrededor de su cintura. Después puso agua en una vasija y comenzó a lavar los pies de sus discípulos, secándolos con la toalla.

Luego se acercó a Simón Pedro, quien le dijo: «¿Señor, me vas a lavar los pies?».

Jesús le respondió: Lo que yo hago, tú no lo entiendes ahora, pero lo sabrás después. «No», dijo Pedro, «nunca me lavarás los pies».

Jesús le respondió: «Si no te lavo, no tendrás parte conmigo».

«Entonces Señor», respondió Simón Pedro, «No sólo mis pies, sino también las manos y la cabeza»

Transformación Interior

Jesús le respondió: «Aquel que está lavado no necesita lavarse los pies, pues está todo limpio. Ahora estáis limpio, pero no del todo». Porque sabía él quién lo traicionaría; por eso dijo: «No todos estáis limpios».

Después de haberles lavado los pies, tomó su manto y se sentó otra vez a la mesa, y les dijo: «¿Entendéis lo que os he hecho? Vosotros me llamáis Maestro y Señor, y decís bien, porque yo lo soy. Ahora, si yo, el Señor y el Maestro, he lavado vuestros pies, vosotros también debéis lavaros los pies los unos a los otros. Os he dado el ejemplo, para que como yo os he hecho, vosotros también lo hagáis. En verdad os digo, ningún discípulo es mayor que su maestro, ni el enviado es mayor que aquel que lo envió. Si sabéis estas cosas, bienaventurados si las hicierais».

(Juan 13:1-17)

TRAZOS DEL CARÁCTER ESPÍRITA

Humildad sin servilismo.

Dignidad sin orgullo.

Devoción sin apego.

Alegría sin exceso.

Libertad sin libertinaje.

Firmeza sin petulancia.

Fe sin exclusivismo.

Raciocinio sin aspereza.

Sentimiento sin afectación.

Caridad sin presunción.

Cooperación sin exigencia.

Respeto sin adulación.

Valor sin ostentación.

Coraje sin temeridad.

Justicia sin intransigencia.

Admiración sin envidia.

Optimismo sin ilusión.

Paz sin pereza.

(ANDRÉ LUIZ, LIBRO *CAMINO ESPÍRITA*, CAP. 45)

PRUEBA

Elija la respuesta correcta:

1. ¿Qué significa «pobre de espíritu»?

a) Para entrar en la vida espiritual en buenas condiciones, una persona debe ser pobre.

b) Para entrar en la vida espiritual, en buenas condiciones, una persona debe cultivar la simplicidad de corazón y la humildad de espíritu.

c) Todas las anteriores.

2. ¿Por qué Benjamín Franklin escribió una lista de trece virtudes?

a) Porque era consciente de que su carácter necesitaba de mejorías.

b) Porque era consciente de que el carácter de sus amigos necesita mejoría.

c) Todas las anteriores.

Transformación Interior

3. ¿Por qué se considera el orgullo la mayor plaga de la humanidad?

a) El orgullo es lo que conduce al odio, la envidia, la lujuria, el asesinato y todas las demás cosas que ponen la importancia personal por delante de todo lo demás.

b) Los orgullosos se ofenden fácilmente. Ellos guardan rencores y no están dispuestos a perdonar.

c) Todas las anteriores.

4. ¿Cómo podemos superar el orgullo y ser humildes?

a) Realice una evaluación honesta de usted mismo.

b) Deje de comparar.

c) Todas las anteriores.

Respuestas:

b; (2) a; (3) c; (4) c

3
RESIGNACIÓN ANTE LA ADVERSIDAD TRANQUILIDAD

OBJETIVO: Analizar la importancia de aceptar pérdidas importantes para nosotros, tomando como base de este análisis la segunda Bienaventuranza enseñada por Jesús en el Sermón de la Montaña: Bienaventurados los que lloran, porque ellos serán consolados, y la correlación de esta enseñanza con una de las trece virtudes de Benjamín Franklin: La tranquilidad.

3.1 ACEPTACIÓN

La aceptación normalmente se refiere a casos en los que la persona experimenta situaciones o condiciones de vida (normalmente negativas o difíciles) sin intentar cambiarlas, protestar o tratar de escapar de ellas mismas. El término se utiliza en espiritualidad, en conceptos religiosos como la meditación budista y en psicología humana. Las corrientes religiosas y los tratamientos psicológicos generalmente sugieren el camino de la aceptación cuando la situación es igualmente desagradable y no se puede cambiar, o cuando es posible, se podría lograr un cambio, pero solo a un gran costo o gran riesgo.

Transformación Interior

Las nociones de aceptación se sugieren en diferentes credos y en prácticas de meditación. Por ejemplo, la primera noble verdad del budismo que dice: «La vida es sufrimiento», invita a las personas a aceptar que el sufrimiento es una parte natural de la vida. El término «cábala» significa aceptación. Además, la aceptación es la quinta etapa del modelo de Kübler-Ross (comúnmente conocido como «Las etapas de la muerte»).

Muchos creen que la aceptación significa renunciar o ser pasivo, pero eso no es la verdadera aceptación. Aceptación es liberarse de una idea fija. Cuando luchamos contra algo, estamos realizando un gran esfuerzo que podría aprovecharse mejor de otra manera. Estamos tan ocupados luchando contra el problema que nos volvemos incapaces de ver cuál es realmente el problema para encontrar una solución. Cuando no logramos afrontar una dificultad, no le encontramos una

solución.

El yudo enseña cómo trabajar con las energías de empujar y tirar. Él enseña que cuando alguien se lanza hacia nosotros, en lugar de resistirnos o intentar escapar, lo mejor es lanzarnos en la misma dirección. Aprovechando así que el adversario no tiene fuerza sobre nosotros. La aceptación, del mismo modo, implica seguir el flujo utilizando la "energía" presente en la situación, independientemente de lo adversa que nos pueda parecer, como siendo una compañera en nuestro proceso de cura.

También podemos aprender sobre la aceptación de la historia del roble y las cañas: Un roble muy grande fue arrancado por el viento y arrojado a un arroyo. Cayó entre unos juncos y les preguntó: «Me pregunto cómo ustedes, que son tan ligeros y débiles, no son completamente aplastados por estos fuertes vientos». Ellos respondieron: «Usted lucha contra el viento y, por consiguiente, son destruidos, mientras que nosotros, por el contrario, nos doblegamos ante la más mínima brisa; por lo tanto, permanecemos intactos y escapamos».

Cuando enfrentamos dificultades, podemos reaccionar como el roble, luchando, quejándonos y pidiéndole a Dios que quite el obstáculo de nuestra vida, o podemos acomodarnos a él, doblándonos y balanceándonos como los juncos, dejando que Dios nos lleve a través del viento, enteros y más fuertes que antes.

3.2 BIENAVENTURADOS LOS QUE LLORAN, PORQUE ELLOS RECIBIRÁN CONSOLACIÓN.

(MATEO 5:3)

Esas palabras también pueden traducirse de este modo: «Debéis consideraros felices de sufrir, porque vuestros dolores en este mundo son el pago de la deuda que habéis adquirido mediante vuestras faltas pasadas, y esos dolores, cuando se soportan con paciencia en la Tierra, os ahorran siglos de padecimientos en la vida futura. Así pues, debéis sentiros felices de que Dios reduzca vuestra deuda y os permita que la saldéis ahora, pues eso os garantizará tranquilidad en el porvenir».

(*EL EVANGELIO SEGÚN EL ESPIRITISMO –ESE*, CAP. 5, ÍTEM 12)

La verdadera medida de un hombre no es cómo se comporta en momentos de comodidad y conveniencia, sino cómo se mantiene en tiempos de controversia y desafío.

Martin Luther King, Jr.

3.3 ACEPTACIÓN EN LA ADVERSIDAD

En los primeros tiempos de nuestro planeta, el sufrimiento era el único estímulo y una escuela rígida para el hombre. Ahora, nuestros tiempos son menos severos que los del pasado. Los seres humanos han dominado los elementos, acortado las distancias y conquistado la Tierra. Todo evoluciona y progresa. Lenta pero seguramente, el mundo, la naturaleza misma, está progresando y podemos estar seguros de que un día el sufrimiento dejará de ser parte de nuestro planeta. Estamos marchando en dirección al progreso; al progreso espiritual y al progreso constante de nuestro planeta. Los Espíritus nos dicen que la Tierra está pasando por un período de transformación, de un mundo de pruebas y expiaciones a un mundo de regeneración, donde prevalecerá el bien.

Sin embargo, el sufrimiento todavía forma parte de nuestro mundo. En todas las condiciones, en todos los tiempos, en todos los continentes, los seres humanos pasan por vicisitudes. Tanto los ricos como los pobres sufren en cuerpo y espíritu. Y a pesar del progreso social, millones de seres humanos todavía se sienten doblegados por el peso del sufrimiento.

Aunque entendemos que solo podemos alcanzar breves momentos de felicidad en la Tierra, las personas que aspiran a una vida pura y a un mundo mejor se dan cuenta a través de la intuición de que este mundo no es el fin de todo. Para aquellos imbuidos de la filosofía de los Espíritus, esta intuición se convierte en una certeza. Ellos saben hacia dónde van, entienden la razón de sus aflicciones y la causa de su sufrimiento. Más allá de las sombras y la tristeza de la Tierra, perciben el amanecer de una nueva vida.

No puedes juzgar nada con claridad a menos que puedas prever todas sus consecuencias; nadie puede entender la vida si no comprende su propósito ni sus leyes. Por lo tanto, para poder apreciar las bendiciones y los sufrimientos de esta vida, para que podamos comprender qué es la verdadera felicidad, necesitamos elevarnos por encima del estrecho círculo de las experiencias terrestres. El conocimiento de la vida futura y del destino que nos espera nos permite sopesar las consecuencias de nuestros actos y su influencia en nuestro futuro.

Con esta perspectiva, el individuo ya no ve el sufrimiento en la pérdida de amigos, en la privación o en las aflicciones; por el contrario, para el sufrimiento es todo aquello que tiene como resultado debilitar o reducir e impedir el progreso. Para aquellos que solo consideran el momento presente, la infelicidad en realidad consiste en pobreza, enfermedad y dolencia. Para el espíritu trascendente que mira estos acontecimientos pasajeros con imparcialidad y superioridad, la infelicidad proviene del orgullo y de todos los demás defectos de una vida inútil o incluso culpable.

Cuando el mundo de Job parecía desmoronarse, sus amigos pensaron que él debía haber hecho algo malo. Incluso su esposa le aconsejó que se diera por vencido y le dijo: «¿Aún conservas tu sinceridad? Maldice a Dios y muere». Pero él le dijo: «Hablas como una loca. Aceptamos el bien de Dios; ¿por qué no deberíamos aceptar el mal?». En todo esto no pecó Job con sus labios.

(JOB 2:9–10)

La adversidad es la gran escuela, el laboratorio de la transmutación áurea. A través de sus enseñanzas, las malas tendencias se transforman gradualmente en actos generosos e intenciones puras. Nuestra ignorancia en relación con las leyes universales es la principal responsable de la falta de aceptación que mostramos ante la adversidad. Si pudiéramos comprender cómo la adversidad es necesaria para nuestra propia evolución, si pudiéramos aprender a aceptar las injusticias y las decepciones que soportamos, entonces dejaríamos de considerarlas una carga para nuestra existencia. Sin embargo, todos tememos al dolor; la necesidad de soportarlo solo se hace evidente cuando abandonamos el reino terrenal. No obstante, ella cumple una función inestimable, trayendo las semillas de la compasión, el amor y la ternura que de otro modo podrían haber permanecido latentes dentro de nosotros. En nuestra ceguera, nos atrevemos a quejarnos de que nuestra vida es oscura, aburrida o triste. Pero si levantamos la mirada por encima de los bajos horizontes de la Tierra, discerniríamos los verdaderos motivos de esta vida. Descubriríamos que tales existencias son preciosas e indispensables para ayudarnos en nuestra ascensión espiritual.

Homero escribió: «La adversidad despierta en nosotros capacidades que, en circunstancias favorables, habrían permanecido latentes». Los problemas expanden tu creatividad. Hay una historia que cuenta las dificultades por las que pasó un criador de pollos. Su granja siempre estaba sujeta a inundaciones que mataban a sus gallinas. Desesperado, le dijo a su esposa: «Ya basta, no aguanto más; no tengo dinero para comprar otros terrenos y no puedo vender este. ¿Qué voy a hacer?». Ella respondió con calma: «¡Compra patos!» Las adversidades que enfrentamos en la vida no son solo el resultado de nuestros errores pasados; ellas también representan desafíos que pueden ayudarnos a evolucionar. Las dificultades que superamos estimulan y desarrollan nuestra inteligencia. Sin embargo, cuando nuestros esfuerzos son en vano, cuando finalmente nos encontramos cara a cara con lo inevitable, entonces es el momento en el que debemos pedir aceptación. No hay poder que pueda evitar las consecuencias de nuestro pasado. Rebelarse contra las leyes morales sería tan insensato como oponerse a la ley de atracción o de gravitación.

El individuo incauto lucha contra las leyes inmutables de la naturaleza, pero el individuo juicioso encuentra en sus tribulaciones un medio de mejorarse y fortalecer sus facultades. Acepta las tribulaciones de la vida y se eleva por encima de ellas, transformándolas en un camino que lo llevará a la virtud.

En 1832, el ingeniero francés Ferdinand Marie de Lesseps viajaba por el mar Mediterráneo. Uno de los pasajeros de su barco desarrolló una enfermedad contagiosa y el barco tuvo que ser puesto en cuarentena.

Lesseps estaba muy frustrado. Para pasar el tiempo, comenzó a leer las memorias de Jacques-Marie Le Père, quien consideraba la posibilidad de construir un canal que conectara el mar Mediterráneo con el mar Rojo. En 1869 se completó el Canal de Suez; fue construido según las instrucciones y dibujos de Lesseps. Fue durante esa cuarentena, treinta y siete años antes, cuando germinó en Ferdinand Marie de Lesseps el plan de construir el Canal. Y el mundo entero se beneficia de esto.

La aflicción más profunda y más dolorosa, cuando se acepta con humildad y tranquilidad, tanto el corazón como la razón consienten, indica generalmente el fin de nuestros males, el pago de la última fracción de nuestra deuda. Este es el momento decisivo en el que debemos permanecer firmes, convocar todas nuestras resoluciones y energía moral, para que podamos salir victoriosos de nuestras pruebas y recoger los frutos de la victoria.

El sabio consejo de Benjamín Franklin, como un medio de realizar nuestra transformación moral, puede ser un instrumento precioso para ayudarnos frente a las adversidades de la vida. Debemos mantener la calma y no dejarnos perturbar por situaciones comunes e inevitables.

CICLO DE ACEPTACIÓN[4]

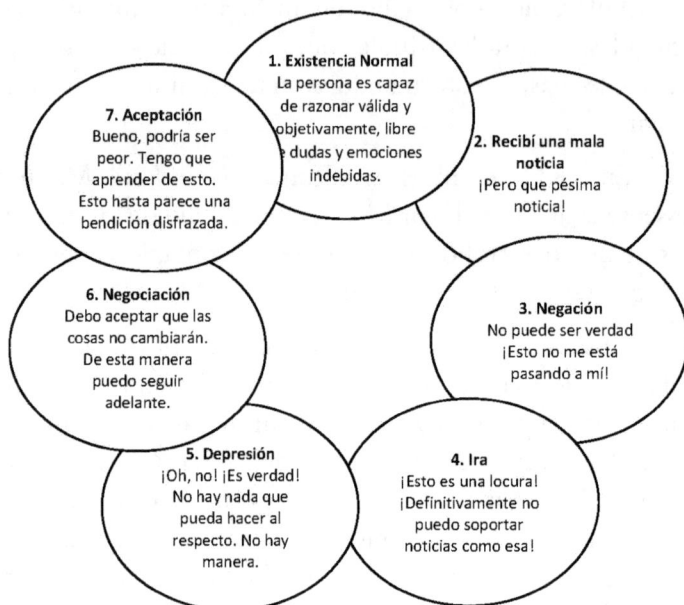

1. Existencia Normal
La persona es capaz de razonar válida y objetivamente, libre de dudas y emociones indebidas.

2. Recibí una mala noticia
¡Pero que pésima noticia!

3. Negación
No puede ser verdad
¡Esto no me está pasando a mí!

4. Ira
¡Esto es una locura!
¡Definitivamente no puedo soportar noticias como esa!

5. Depresión
¡Oh, no! ¡Es verdad! No hay nada que pueda hacer al respecto. No hay manera.

6. Negociación
Debo aceptar que las cosas no cambiarán. De esta manera puedo seguir adelante.

7. Aceptación
Bueno, podría ser peor. Tengo que aprender de esto. Esto hasta parece una bendición disfrazada.

Este modelo da ejemplos de lo que sucede en diferentes etapas. El ciclo se aplica a individuos u organizaciones. La mayoría de los ejemplos son de un solo individuo. El ciclo comienza con recibir malas noticias.

1. Existencia normal

La persona es capaz de tener razonamientos válidos y objetivos, libre de dudas y emociones indebidas.

---

4   Organigrama basado en un modelo genérico estadounidense.

2. **Recibimiento de malas noticias**

¡Qué mala noticia! **Negación**

No puede ser verdad. ¡Esto no me está pasando a mí!

3. **Ira**

¡Esto es una locura! ¡Definitivamente no puedo soportar noticias como esa!

4. **Depresión**

¡Oh, no! ¡Pues es verdad! No hay nada que pueda hacer al respecto. No hay manera.

5. **Negociación**

Debería aceptar que las cosas no cambiarán. Así que puedo seguir adelante.

6. **Aceptación**

Bueno, podría ser peor. Tengo que aprender de esto. Esto casi parece una bendición disfrazada.

En la cuarta etapa, la *ira*, a veces también quedamos predispuestos a la agresión: «Voy a ser agresivo con cualquiera que diga algo más sobre esto». «Voy a demandar a mi médico porque no está haciendo todo lo posible para ayudarme» y muchas otras formas de ataques.

En la quinta etapa, la depresión, generalmente nos enfrentamos a la confusión, el comienzo de la negociación y la continuación de la ira y la negación: «¿Por qué me pasó esto? No hice nada para provocar esto. ¿Qué voy a hacer?».

Muchas veces nos preguntamos qué nos sucederá y frecuentemente nos sentimos impotentes e inseguros cuando pensamos en las perspectivas de acontecimientos futuros que nos afectan. El hecho es que siempre somos artesanos de nuestro destino, y todo lo que sembramos hoy lo cosecharemos en el futuro.

Algunos pueden decir que no recuerdan el pasado y, por lo tanto, no pueden evaluar los hechos verdaderos o comprender las consecuencias que enfrentan en el presente. Nuestra respuesta es que Dios considera innecesario que recordemos el pasado para progresar. Este conocimiento es irrelevante para nuestro progreso y el trabajo de mejoramiento espiritual. Lo importante es que hoy entendamos los mecanismos, los ciclos de la vida, y seamos capaces de entender que todo lo que nos sucede sigue resoluciones que hicimos antes de la presente encarnación. Por tanto, debemos aceptar los muchos desafíos y adversidades que aún se presentan en nuestro camino, fruto de errores del pasado, y este resultado es educativo y una oportunidad de preparación para la nueva era de paz y crecimiento espiritual que invadirá nuestro planeta.

Por tanto, pongamos nuestra fe en el Poder que dirige el universo. Nuestro intelecto limitado difícilmente puede comprender la totalidad de Sus intenciones. Solo Dios tiene el control exacto de la cadencia rítmica, de esa necesaria alternancia de vida y muerte, de noche y día, de alegría y tristeza, a partir de la cual se alcanzará finalmente la felicidad y la elevación de Sus criaturas. Con amor y fe en nuestros corazones, estamos en el camino del éxito y, finalmente, dejaremos atrás la secuencia de acciones lamentables que habían sido nuestros obstáculos. Nos abriremos entonces como una flor renovada que alcanzará los suaves rayos del sol que iluminarán nuestras nuevas disposiciones y nuestro crecimiento en dirección hacia un nuevo camino de actos luminosos.

Es importante aceptar aquello que se presenta delante de nosotros. Y la única cosa que importa es aceptar la adversidad con coraje y de la mejor manera que podamos.

Eleanor Roosevelt

3.4. AUTOACEPTACIÓN

Por último, es necesario mencionar otro lado importante de la aceptación: la autoaceptación. La autoaceptación es amar y ser feliz con quien eres AHORA. Es un acuerdo contigo mismo para apreciar, validar, aceptar y apoyar quien eres y lo que tienes en este momento.

La autoaceptación te abre una nueva vida con posibilidades que antes no existían, porque siempre estabas luchando contra la realidad. Las personas tienen dificultades para aceptarse a sí mismas debido a una falta de motivación. Algunas personas creen que por el hecho de estar contentas consigo mismas no es necesario cambiar nada. Esto no es verdad, no es necesario que te sientas infeliz para darte cuenta y tratar activamente de cambiar las cosas que no te gustan. La aceptación podría definirse como el primer paso en el camino hacia el cambio.

Permitirse ser amado (amarse a uno mismo) es la parte más importante del proceso de aceptación, haciendo con esto que seas un instrumento de curación extremadamente poderoso. El amor es la energía base de todas las cosas en la vida. El amor cura. Cuando amas lo que es, encuentras la cura que el amor contiene; tú no tienes que ir a buscar respuestas o técnicas; el dolor, la angustia de la negación y la lucha desaparecen.

Transformación Interior

Recuerda que las herramientas de cura más poderosas y maravillosas son aquellas que se manifiestan a nuestro alrededor, en nuestro día a día. ¡Esto realmente funciona! Muchas veces subestimamos el valor de estas herramientas, de estos recursos, porque no llaman mucho la atención o porque no se comprenden. De esta manera, la cura seguramente no llegará de forma estresante.

Necesitamos tener una mente fuerte y estar dispuestos a aceptar los hechos como son, en lugar de como nos gustaría que fuesen.

Harry S. Truman

LECTURA COMPLEMENTARIA

Recomendamos al lector leer el texto que aparece a continuación, subrayando los pasajes que más le han conmovido y que siente la necesidad de ser trabajados.

Mensaje de E.S.E.

El hombre puede disminuir o aumentar la amargura de sus pruebas según el modo como encare la vida terrenal. Sufre tanto más cuanto más prolongada considera la duración del sufrimiento. Ahora bien, el que se coloca desde el punto de vista de la vida espiritual, abarca con una sola mirada la vida corporal. La ve como un punto en el infinito, comprende su brevedad y reconoce que ese momento penoso pasa muy pronto. La certeza de un porvenir próximo, que será más feliz, lo sostiene y lo anima, y en lugar de quejarse da gracias al Cielo por los dolores que lo hacen adelantar. En cambio, para aquel que sólo toma en cuenta la vida corporal, esta le parece interminable, y el dolor pesa sobre él con toda su fuerza. El modo espiritual de considerar la vida corporal disminuye la importancia de las cosas de este mundo, incita al hombre a moderar sus deseos y a conformarse con su posición sin envidiar la de los otros, al mismo tiempo que atenúa la impresión moral de los reveses y los desengaños que experimenta. Con ello se obtiene la calma y la resignación, tan útiles para la salud del cuerpo como para la del alma, mientras que con la envidia, los celos y la ambición, el hombre se entrega voluntariamente al tormento y, de ese modo, incrementa las miserias y las angustias de su corta existencia.

(*ESE*, CAP. 5, ÍTEM 13)

[…] *La oración es un sostén para el alma, pero no basta: es preciso que se apoye en una fe viva en la bondad de Dios. Se os ha dicho a menudo que Él no deposita una pesada carga sobre espaldas débiles. La carga es proporcional a las fuerzas, así como la recompensa será proporcional a la resignación y al valor. La recompensa tendrá tanto más valor cuanto más penosa haya sido la aflicción. Pero esa recompensa debe ser merecida, por eso en la vida abundan las tribulaciones.*

| 65

El militar que no es enviado a las líneas de fuego no está satisfecho, porque el descanso en el campamento no es propicio para su ascenso. Sed, pues, como el militar, y no anheléis un descanso con el que se entorpecería vuestro cuerpo y se embotaría vuestra alma. Cuando Dios os envíe a la lucha, poneos alegres. Esa lucha no consiste en el fuego de la batalla, sino en las amarguras de la vida, en las que a veces se necesita más valor que en un combate sangriento, pues quien se mantiene firme ante el enemigo puede flaquear bajo el peso de una pena moral. El hombre no recibe recompensa alguna para esa clase de valor, pero Dios le reserva la palma de la victoria y un lugar glorioso. Cuando tengáis un motivo para el sufrimiento o la contrariedad, intentad superarlo, y cuando lleguéis a dominar los impulsos de la impaciencia, de la cólera o la desesperación, decíos a vosotros mismos, con justa satisfacción: «He sido más fuerte».

Bienaventurados los afligidos puede, por consiguiente, traducirse de este modo: «Bienaventurados los que tienen ocasión de poner a prueba su fe, su firmeza, su perseverancia y su sumisión a la voluntad de Dios, porque obtendrán centuplicada la alegría que les falta en la Tierra, y a continuación del trabajo vendrá el descanso».

Lacordaire (Havre. 1863) (ESE, cap. 5, ítem 18)

MOMENTO DE LA GRAN TRANSICIÓN

Ahora estamos en un nuevo período.

Estos días señalan una fecha muy especial, la fecha del cambio del mundo de pruebas y expiaciones hacia el mundo de regeneración.

La gran noche que se abatía sobre la Tierra lentamente dio lugar al amanecer de bendiciones. Retroceder ya no es posible.

Firmasteis, hijas e hijos del alma, un compromiso con Jesús, antes de sumergiros en la indumentaria carnal, el de servirlo con abnegación y devoción.

Prometisteis que le seríais fieles, aunque se os exigiera el sacrificio.

Alargándose los horizontes de ese amanecer que viaja hacia la plenitud del día, exultemos juntos —los Espíritus desencarnados y vosotros que transitáis por el mundo de sombras— además del júbilo que a todos nos domina, tengamos presentes las graves responsabilidades que nos embellecen la existencia en el cuerpo o fuera de él.

Deberemos revivir los días inolvidables de la época del martirologio. Seremos invitados, no solamente al aplauso, al entusiasmo, al júbilo, sino también al testimonio. El testimonio silencioso en los paisajes interiores del alma. El testimonio por amor a aquellos que no nos aman. El testimonio de abnegación en el sentido de ayudar a aquellos que aún se complacen en generar dificultades, intentando, inútilmente, obstaculizar la marcha del progreso.

Iniciada la gran transición, llegaremos a la culminación, y en razón directa en que el planeta experimenta sus cambios físicos, geológicos, los cambios morales son inaplazables. Que seamos nosotros aquellos Espíritus-espíritas que demostremos la grandeza del amor de Jesús en nuestras vidas.

Que otros reclamen, que otros se quejen, que otros griten, que nosotros guardemos en los pliegues del alma el compromiso de amar siempre, trayendo a Jesús de regreso con toda la fuerza de aquellos días que quedan lejos y que están muy cerca...

¡Jesús, hijas e hijos queridos, espera por nosotros!

Que sea nuestro escudo el amor, nuestras herramientas el amor y nuestra vida un himno de amor.

Son los ruegos que manifestamos los Espíritus-espíritas aquí presentes y que me sugirieron representarlos ante vosotros.

Con mucho cariño, el servidor humildísimo y paternal de siempre.

Bezerra

¡Mucha paz, hijas e hijos del corazón!

(Mensaje psicofónico recibido por el médium Divaldo Pereira Franco en la clausura de las conmemoraciones del Centenario del nacimiento de Chico Xavier realizadas en el

Transformación Interior

Centro de Convenciones Ulises Guimaraes, en Brasilia, DF, en la tarde del 18 de abril de 2010).

4
GENTILEZA Y PACIENCIA VS. IRA SILENCIO

OBJETIVO: Analizar la importancia de la mansedumbre, según las Bienaventuranzas enseñadas por Jesús en el Sermón de la Montaña y correlacionar esta enseñanza con una de las 13 virtudes de Benjamín Franklin: El silencio.

4.1. DEFINICIÓN DE MANSEDUMBRE

Los diccionarios modernos asocian el concepto de mansedumbre con el de debilidad. Observemos cómo aparecen sus sinónimos en el Reader's Digest: manso, tímido, suave, apacible, retraído, débil, dócil, sumiso, reprimido, subyugado, sin vida y en bancarrota. Esta concepción errónea de la palabra mansedumbre no es un privilegio de nuestro tiempo; los antiguos griegos tampoco la clasificaron como virtud, excepto en algunas circunstancias. En la mejor de las hipótesis, ellos la usaron como utilizamos hoy «condescendencia» y restringieron su uso exclusivamente a la descripción de las relaciones externas entre personas. Jesús, manteniendo la referencia al ser humano, amplió el significado del término, superando su interpretación restringida y nos mostró que la mansedumbre se refiere ante todo a nuestra relación con Dios.

Algunas personas han intentado utilizar «humildad» como sinónimo de mansedumbre, pero el hebreo y el griego tienen palabras específicas que son sinónimos de humildad. Además, la humildad no refleja plenamente el significado de la mansedumbre, aunque la asociación de humildad y mansedumbre es natural, pero es otra faceta de la mansedumbre. Mientras que la humildad demuestra una evaluación correcta de los propios méritos, la mansedumbre incluye una evaluación correcta de los propios derechos. Otra palabra asociada con la mansedumbre es "gentileza", pero, al igual que la humildad, ella tampoco abarca plenamente el significado de la mansedumbre y no llega a su plenitud. Las características y el uso de la mansedumbre son mucho mayores que los de cualquier otra asociada a ella.

4.2 BIENAVENTURADOS LOS MANSOS, PORQUE ELLOS POSEERÁN LA TIERRA.

«Por medio de estas máximas, Jesús convirtió en ley la dulzura, la moderación, la mansedumbre, la afabilidad y la paciencia. Por consiguiente, condena la violencia, la cólera e incluso toda expresión descortés para con los semejantes». (*ESE*, cap. 9, ítem 4)

Jesús no fue el primero en afirmar la importancia de la mansedumbre, pero sí fue el primero en mostrar, en lo que llamamos las Bienaventuranzas, una lista organizada de las características del ser humano perfecto. La mansedumbre es tan importante que es la tercera característica que menciona en su enseñanza fundamental, el Sermón de la Montaña. Un comentarista, Emmet Fox, autor de un libro enteramente dedicado al estudio del Sermón de la Montaña, afirma que esta Bienaventuranza «está entre los seis versículos más importantes de la Biblia».

Debemos reconocer que cuando Jesús presenta la mansedumbre como una cualidad altamente deseable, en Mateo 5:5 él la introduce con «Bienaventurados los pobres de espíritu» (versículo 3) y «Bienaventurados los que lloran» (versículo 4). Él lo coloca en un contexto que contiene cualidades que son semejantes a la mansedumbre. Alexander MacLaren[5] escribe en sus comentarios sobre el versículo 5: «[Mansedumbre] es la conducta y disposición en dirección a Dios y al individuo que se desprende a partir de la experiencia interior descrita en estas dos Bienaventuranzas, que se relacionaban apenas con nosotros mismos». En otras palabras, la mansedumbre es el fruto activo de las otras dos, pero ser pobre de espíritu y llorar son emociones internas, y la mansedumbre es una emoción interna que se exterioriza en nuestras vidas. Si bien esta no es una descripción completa, establece una buena base.[6]

A primera vista, esta Bienaventuranza parece tener poco sentido y contradice los simples hechos de la vida cotidiana. Evidentemente, el individuo perfecto como ideal del mundo es muy diferente del esperado por Jesús. Dada la forma en que las personas modernas miran a aquellos que son mansos, la afirmación de Jesús sobre la mansedumbre es casi incomprensible. El mundo favorece las virtudes más apreciadas, llamadas heroicas. Aquellos que son fuertemente –casi ferozmente– competitivos, agresivos y seguros de sí, son los que reciben admiración, reconocimiento y recompensa.

| 71

---

5   (Expositions of Holy Scriptures, vol. 6, «St. Matthew», p. 130)

6   John W. Ritenbaugh – November 1998 – https://www.cgg.org/cfm/library/article/id/237/the-fruit-of-spirit-meekness.htm

Transformación Interior

¿No parece que ellos terminan siempre en la cima, teniendo más y mejores cosas a pesar de otros defectos de carácter obvios y quizás hasta ofensivos?[7]

De hecho, Jesús señala que hasta ahora las cosas de la Tierra han sido monopolizadas por individuos agresivos, en detrimento de aquellos que son gentiles y amantes de la paz; que estos últimos muchas veces no tienen ni siquiera cubiertas sus necesidades básicas, mientras que los primeros viven en la superfluidad. Pero Jesús promete que la justicia llegará a los gentiles y amantes de la paz, tanto en la Tierra como en el Cielo, porque serán llamados hijos de Dios.

Lo que necesitamos entender en este momento es por qué Jesús dice que aquellos que son mansos heredarán la Tierra, cuando también dice que hay que renunciar a las cosas de este mundo. La respuesta es muy simple: es en la tierra donde tenemos la oportunidad de crecer espiritualmente hablando y avanzar hacia Dios. Y mientras esperan las cosas del Cielo, los hombres necesitan las cosas de la Tierra para vivir. Podríamos alcanzar este estado con más facilidad si no tuviéramos que luchar contra la adversidad y las emociones contradictorias diariamente. Después de que trabajemos en nuestra transformación moral, veremos gradualmente una modificación general en los patrones morales de nuestro planeta, y todos nos beneficiaremos de esto.

Cuando la ley del amor y de la caridad finalmente se convierta en la ley de la humanidad, no habrá más egoísmo y los dóciles y amantes de la paz dejarán de ser explotados ni aplastados por los fuertes y agresivos. Éste será el estado de la Tierra cuando, según de acuerdo con la ley del progreso y la promesa de Jesús,

---

7   John W. Ritenbaugh –november 1998– https://www.cgg.org/index. cfm/library/article/id/237/the-fruit-of-spirit-meekness.htm

se haya convertido en un mundo feliz como resultado de la eliminación de los individuos malos. (ESE, cap. 9, ítem 5)

4.3 MANSEDUMBRE, PACIENCIA Y SILENCIO VS. IRA

La paciencia y la mansedumbre, así como el silencio del pensamiento y de la palabra, derivan de la caridad. La paciencia es la virtud que nos permite resignarnos silenciosamente, no porque seamos apacibles o indiferentes, sino porque hemos aprendido a buscar consuelos más allá de los límites del momento presente, que hacen secundarias e inútiles las tribulaciones de esta vida.

Debemos, a toda costa, estar siempre vigilantes contra la ira, que despierta los instintos brutales, aquellas herencias de un pasado oscuro que la civilización y el progreso se esfuerzan por erradicar. Cuando perdemos el control de nosotros mismos, llevados por la ira, nada nos detiene, ni siquiera el riesgo de asesinato. Una persona propensa a la ira debe tener mucho cuidado, especialmente con su ego excesivo; el individuo debe abstenerse de hablar y de actuar mientras se sienta bajo la influencia de esta pasión siniestra.[8]

En este punto es donde entra en juego el sabio consejo de Benjamín Franklin en nuestra ayuda: «Silencio. Hable solo lo que pueda beneficiar a los demás o a sí mismo. Evite conversaciones triviales». Este consejo es importante para ambas partes, es decir, para aquel que se ve momentáneamente dominado por la ira y para aquel que es el receptor de estas manifestaciones de ira.

---

8   Basado en el capítulo 48 del libro *Después de la muerte* de Léon Denis.

Transformación Interior

Una persona mansa siente amargamente el agravio que se le hace, pero como no piensa en sí misma, su mansedumbre no permite que su espíritu se envuelva en una furia vengativa que intenta «desquitarse». Este individuo se queda en silencio y se recoge en la oración o en la meditación, buscando maneras de ayudar a la otra persona a liberarse de ese lamentable estado. De esta manera, la persona gentil es capaz de soportar pacientemente y en silencio los insultos y las injurias que sufre a manos de los demás, y enfrenta las pruebas sin irritarse. La persona permanece tranquila cuando los demás se alteran. Ella sabe que la justicia de Dios siempre prevalece. Intenta mantenerse fiel a su convicción; al hacerlo, es capaz de cumplir con los estándares de Dios. «*El bien hecho a quien nos ofende desarma a nuestro enemigo. Su odio se transformará en espanto, y este en admiración. Al despertar su conciencia dormida, tal lección puede causarle una profunda impresión. De esta manera, tal vez tengamos, por el esclarecimiento, que hayamos arrebatado un alma de la perversidad.*

[…]

La indulgencia, la simpatía y la bondad apaciguan a los hombres, atrayéndolos hacia nosotros y los disponen a oír con confianza nuestros consejos; mientras que la severidad los desanima y los aleja. La bondad nos crea una especie de autoridad moral sobre las almas, nos ofrece más probabilidades de conmoverlas, de reconducirlas al buen camino. Hagamos, pues, de esta virtud una antorcha con cuyo auxilio llevaremos la luz a las inteligencias más oscuras, tarea delicada, pero que se tornará fácil con un sentimiento profundo de solidaridad, con un poco de amor por nuestros hermanos». – *Léon Denis– Después de la muerte, cap. 48 –Edición FEB.*

Es mejor permanecer en silencio y ser considerado un tonto que hablar y despejar toda duda.

Abraham Lincoln (1809-1865)

4.4 ¿CUÁNDO DEBEMOS GUARDAR SILENCIO?

En el Evangelio según el Espiritismo los Espíritus nos advierten que solo deberíamos comentar sobre el comportamiento de los demás con el objetivo de ayudarles a superar sus fracasos o cuando sus comportamientos ponen en peligro otras vidas.

Hay un artículo muy interesante titulado "¿Usted tiene la lengua afilada?"[9], que plantea la pregunta:

¿Debe doler la verdad?

El artículo explica que entre las trampas más peligrosas de la vida sobre el uso del lenguaje, están las excusas que usamos para justificar y continuar conductas habituales. Las disculpas más comunes son:

- «La honestidad es la mejor política», o

- «Solo estoy siendo honesto».

- «La verdad duele».

- «Lo que está mal está mal y debe corregirse».

- «He pasado por muchas experiencias, por eso me expreso abiertamente».

---

9   10 https://www.cgg.org/index.cfm/library/article/id/16/are-you-sharptongued--part-two.htm

Transformación Interior

- «Es solo mi sentido del humor. No te lo tomes en serio».

Desafortunadamente, cada una de estas excusas probablemente nos resulte dolorosamente familiar. Si es así, deberíamos examinar mejor cómo hablamos con los demás y qué nos motiva. Una vez más, podemos beneficiarnos de seguir los pasos delineados en las trece virtudes expuestas por Benjamín Franklin, y esto nos ayudará a entender cuándo nuestros comentarios son un poco excesivos: «**Silencio. Hable solo lo que pueda beneficiar a los demás o a ti mismo**». Evite conversaciones triviales. Normalmente solemos pasar mucho tiempo hablando de cosas fútiles, por lo tanto, desperdiciamos energía innecesaria y además nos conectamos a un nivel energético muy bajo.

Callando... a veces decimos más.

Emily Dickinson

En Mateo 18:15 leemos: «Si tu hermano peca[10] contra ti, ve y cuéntaselo, y repréndelo estando tú y él solos; si te escucha, habrás ganado a tu hermano». Por supuesto que es posible expresarnos con honestidad, franqueza o amabilidad. Jesús es riguroso con el pecado, pero dócil y paciente con los pecadores. ¡Qué gran ejemplo nos dejó! Una vez que hayamos decidido que es necesario algún tipo de intervención, tenemos que aprender, cuando parezca necesario, a reprender con amabilidad, discutir sin ser incendiarios y a juzgar todas las cosas con benevolencia y moderación. Nuestra atención debe centrarse siempre en resolver el problema, no solo en hablar

---

10   La palabra griega para «pecado» es *hamartanein*, que también se traduce como transgredir, cometer una falta u ofender.

de él, condenarlo o cotillear al respecto. Involucra al menor número de personas posible; nadie tiene por qué enterarse a menos que el caso se agrave. Concéntrate en el asunto que tienes entre manos y no saques a relucir heridas del pasado. No quemes todos los puentes ni amenaces a la otra persona con un ultimátum. Recuerda que no estás tratando de perder, sino de ganar un hermano o una hermana.

Sin embargo, tratar honestamente con un hermano o hermana acerca de una ofensa, sin contárselo a los demás, es un gran desafío. Cuando estamos enojados u ofendidos, ¡lo primero que queremos hacer es hablar de ello! No queremos quedarnos en silencio, queremos recibir consuelo, ánimo, comprensión o simplemente desahogarnos.

Es fundamental, sin embargo, que moderemos nuestras diferencias con palabras que sanen, animen y nos permitan desarrollar un mayor afecto. Otro punto importante a considerar es: ¿Podemos aceptar que alguien sea tan honesto con nosotros, así como nosotros lo somos con él o ella? ¡Qué desafío! Generalmente es difícil aceptar la idea de que la honestidad debe ser recíproca para que la respetemos. Jesús nos enseña a tratar a los demás como nos gustaría que nos trataran a nosotros, y esto ciertamente se aplica a cómo nos comunicamos para resolver los conflictos cuando surgen.

Lo que pensamos se revela en lo que decimos. Una mente alimentada mediante la sabiduría divina será capaz de seguir este consejo y controlar el más salvaje de todos los miembros: la lengua. A medida que aprendemos esta gran verdad, nuestras palabras se vuelven buenas y confiables. Perdemos el filo de nuestra lengua.

Por lo tanto, una buena alternativa es permanecer en silencio, porque, como dijo el Dr. Martin Luther King Jr.:

Transformación Interior

ESOPO[11] Y LA LENGUA

Una vez, Janto, un filósofo, le pidió a su esclavo Esopo que le trajera la mejor carne del mercado. Esopo le trajo lengua. Cuando Janto le preguntó sobre su elección, respondió: «Pero me gustaría que me dijeras qué es mejor o más dulce que la lengua. Porque ciertamente todas las doctrinas, y todas las artes y filosofías son establecidas y organizadas por la lengua. Por las lenguas los hombres se exaltan a sí mismos; no encontrarás nada más saludable que haya sido dado por los inmortales a los mortales que la lengua».

Al día siguiente, Janto le pidió que trajera la peor carne del mercado. Esopo volvió a traer lengua.

«¿Qué?», dijo Janto. «Cuando pido la mejor carne, me traes lengua. Cuando pido la peor, ¿me traes lengua también?» Esopo respondió: «¿Por qué te maravillas de mi elección? Así como la lengua, cuando es bien utilizada, se convierte en una virtud sublime, cuando se relega a planos inferiores, se convierte en el peor de los vicios. Con ella se tejen intrigas y violencia verbal. Por medio de ella se pueden corromper las verdades más santas que ella misma enseña y presentarlas como anécdotas vulgares y sin sentido. Todo mal viene de la lengua».

«Tienes razón», dijo Janto. «¡Aprendamos a dominar nuestra lengua!».

---

11   Esopo fue un esclavo africano y narrador de historias de una inteligencia excepcional, que vivió en la antigua Grecia entre 620 y 560 a. C. Sus fábulas son conocidas en todo el mundo.

LECTURA COMPLEMENTARIA

Recomendamos al lector leer el texto que aparece a continuación, subrayando los pasajes que más le han conmovido y que siente la necesidad de ser trabajados.

PACIENCIA

Era una vez un hombre que no sabía nada de agricultura y fue a ver a un granjero para aprender. El granjero lo llevó a su campo y le preguntó qué veía. Él vio un hermoso pedazo de tierra cubierto de una hierba que era agradable a la vista. Entonces el visitante quedó horrorizado cuando el granjero pasó el arado sobre él y transformó el hermoso campo verde en una masa de zanjas marrones.

—¿Por qué usted arruinó el campo? -preguntó el hombre. | 79

—Ten paciencia y verás —respondió el granjero.

Entonces el granjero le mostró un saco lleno de granos de maíz frescos y le preguntó qué veía. El visitante describió el grano nutritivo y luego, una vez más, observó conmocionado cómo el granjero había arruinado algo hermoso. Esta vez caminó de arriba abajo echando los granos en los surcos y luego cubriéndolos con terrones de tierra.

—¿Usted está loco? El hombre preguntó.

Primero usted destruye el campo y ahora cubre el grano con terrones de tierra.

El granjero respondió:

—Ten paciencia y verás.

Transformación Interior

Pasó el tiempo y, una vez más, el granjero llevó a su visitante al campo. Ahora veían interminables líneas rectas con tallos verdes brotando de cada surco. El visitante sonrió ampliamente y dijo:

—Le pido disculpas. Ahora entiendo lo que estabas haciendo. Usted hizo el campo más hermoso que nunca; el arte de la agricultura es realmente maravilloso.

—No, aún no hemos terminado, todavía tienes que tener paciencia, dijo el granjero.

Pasó más tiempo y los tallos estaban completamente crecidos; entonces llegó el granjero con una guadaña y cortó todo el maíz, mientras el visitante observaba estupefacto, viendo cómo el campo en orden se convertía en una fea escena de destrucción. El agricultor recogió los tallos caídos en manojos y decoró el campo con ellos. Después, llevaba los manojos de maíz cosechado a otra zona, donde los golpeaba y aplastaba hasta convertirlos en una masa de paja y granos sueltos. Luego separó los granos de la paja y los juntó en un enorme montón. «Ten siempre paciencia», le dijo a su visitante que protestaba, «aún no hemos terminado». Entonces llegó el granjero con un carro y lo cargó con el grano, que llevó al molino. Allí estos hermosos granos se convirtieron en polvo informe.

El visitante volvió a quejarse:

—Usted tomó granos hermosos y los convirtió en polvo.

De nuevo le dijeron que tuviera paciencia. El granjero puso el polvo en sacos y se lo llevó a casa. Tomó un poco del polvo y lo mezcló con agua, mientras su invitado se maravillaba de la locura de hacer un barro blanquecino. Luego, el granjero moldea este barro en forma de una hogaza de pan. El visitante vio el pan perfectamente formado y sonrió, pero su felicidad no duró mucho. El granjero encendió un fuego y puso el pan en el horno.

—Ahora sé que usted está loco, después de todo el trabajo va a quemar lo que hizo.

El granjero lo miró y sonrió, diciendo:

—¿No te dije que tuvieras paciencia?

Finalmente, el granjero abrió el horno y sacó el pan recién horneado y dorado, con un delicioso aroma.

—Venga —dijo el granjero.

Condujo a su invitado a la mesa de la cocina, donde le ofreció una abundante rebanada de pan con mantequilla.

—Ahora lo entiendes —dijo el granjero.

5
JUSTICIA, FRUGALIDAD Y TEMPLANZA

OBJETIVO: Analizar la importancia de ser justo según las Bienaventuranzas enseñadas por Jesús en el Sermón de la Montaña, y correlacionar esta enseñanza con las dos virtudes de Benjamín. Franklin: Frugalidad y templanza.

5.1 DEFINICIÓN Y CITAS BÍBLICAS

La justicia (también llamada rectitud) es un concepto teológico importante en el judaísmo y el cristianismo. Decimos que una persona es justa cuando sus acciones son justificadas. En otras palabras, esta persona fue «juzgada» o «evaluada» como alguien que lleva una vida que agrada a Dios.

La Justicia/Rectitud tiene un significado ético/moral que implica una relación correcta con Dios. Y también significa estar en completo acuerdo con lo que es justo, honorable y glorioso. Justicia/Rectitud es todo lo que es recto, virtuoso, noble, moralmente correcto y ético. Podríamos decir que la justicia es un estilo de vida en plena conformidad con la voluntad de Dios.

Transformación Interior

Hay varios ejemplos en la Biblia que demuestran la importancia de ser justo:

- El que sigue la justicia y la bondad hallará la vida, prosperidad y honor. (Proverbios 21:21).

- El temor del impío vendrá sobre él, pero el deseo de Dios se cumplirá. (Proverbios 10:24).

- Porque el Señor es justo y ama la justicia; tu cara es frente a los rectos. (Salmos 11:7).

Las almas de todos los hombres son inmortales,
pero las almas de los justos son inmortales y divinas.

Sócrates

5.2 BIENAVENTURADOS LOS QUE TIENEN HAMBRE Y SED DE JUSTICIA. BIENAVENTURADOS LOS QUE PADECEN PERSECUCIÓN POR CAUSA DE LA JUSTICIA, PORQUE DE ELLOS ES EL REINO DE LOS CIELOS.

Las Bienaventuranzas presentadas por Jesús en el Sermón de la Montaña (registradas en el libro de Mateo 5:3-12) presentan nueve actividades diferentes del corazón que vienen con una promesa de bendición. La cuarta Bienaventuranza es: Bienaventurados los que tienen hambre y sed de justicia, porque ellos serán saciados.

La idea del hambre y la sed habla de un deseo íntimo y fuerte que, si no se sacia, molesta desesperadamente. No hay mejores palabras que esa hambre y sed para expresar ese fuerte deseo de obtener justicia y rectitud que debemos sentir. No hay necesidades más urgentes ni imperativas que exijan ser satisfechas que el hambre y la sed.

Jesús, usando la imagen del hambre y la sed, nos explica lo importante que es la rectitud en nuestras vidas. Jesús extiende su bendición para aquellos que desean la justicia como una prioridad urgente y profunda en sus vidas, reconociendo su importancia vital, e incluso reitera esta prioridad en Mateo 6:33 cuando dice: «Mas buscad primeramente el reino de Dios y su justicia» antes que todo lo demás. Por supuesto, es básicamente lo mismo que decir: «Hambre y sed de justicia» como primer principio de vida.

La justicia y la rectitud son tan necesarias para nuestra vida espiritual como lo son el alimento y el agua para nuestra vida física. Sin alimento ni agua, el cuerpo sufre y puede morir. Sin justicia, el alma se siente vacía e infeliz. Así como el cuerpo tiene sus apetitos naturales de hambre y sed de alimentos y bebidas adecuados para su nutrición, así también los tiene el alma; así como el cuerpo depende del alimento para estar fuerte y saludable en el ámbito físico, el alma también necesita alimento espiritual. Cuando la incómoda sensación del hambre ataca, sabemos que tenemos que encontrar comida o pereceremos. Cuando el alma despierta para el sentido de sus propios deseos y comienza a tener hambre y sed de justicia, que es su alimento adecuado, no encontrará descanso ni paz hasta que esté satisfecha.

Tener hambre y sed de justicia indica un deseo constante de buscar algo que la persona sabe que es bueno para ella. Los recién nacidos saben intrínsecamente que la comida saciará su hambre. Ellos no piensan dos veces en la validez de sus necesidades físicas ni descuidan la alimentación. Ellos simplemente lloran por lo que saben que es bueno. Lo mismo ocurre con aquellos que buscan la evolución espiritual. No debería haber ninguna duda sobre la necesidad espiritual. Tampoco se puede descuidar la necesidad de realización. De hecho, Dios desea que quienes buscan las verdades espirituales lloren por ellas como los bebés, permitiendo así que Dios los ayude generosamente.

La octava Bienaventuranza: «Bienaventurados los que padecen persecución por causa de la justicia, porque de ellos es el reino de los Cielos». Al igual que la cuarta, nos habla de la importancia de la justicia y la rectitud, hasta el punto de ignorar cualquier tipo de persecución y continuar por el camino recto.

La persecución es una forma sistemática de maltrato de un individuo o grupo hacia otro grupo. Las formas más conocidas son la persecución religiosa, la persecución étnica y la persecución política, aunque haya, naturalmente, alguna superposición entre estos términos, que tienen el acto de infligir sufrimiento, aislamiento, encarcelamiento, dolor, miedo y exclusión.

Hoy en día, la persecución frecuentemente viene en forma verbal, generalmente por medio de burlas crueles y lenguaje insultante, o a través de actos crueles como la confiscación de bienes o el destierro de un grupo. Incluso puede ocurrir en el lugar de trabajo, donde uno puede ser despedido, degradado o criticado debido a su fe. En la sociedad actual, el acto de revelar que usted está ligado a alguna forma religiosa o espiritual puede generar risas sarcásticas, comentarios groseros y desagradables, alienación e incluso represalias. Pero lo importante es seguir los consejos de Jesús y persistir en hacer el bien y ser justos, porque solo mediante esta persistencia es que vamos evolucionando espiritualmente.

Si bien es verdad que quienes sufren persecución enfrentan dificultades, sería bueno recordar que nunca debemos doblegarnos ante el error y siempre debemos vivir de acuerdo con los valores morales y éticos que hemos aprendido de las leyes humanas, recordando, sobre todo, aquellos que hemos aprendido de las leyes de Dios, demostrando así nuestra constante conciencia de que vivimos en la eternidad.

Me opongo a la violencia porque, aunque parezca que produce un bien, este bien es solo temporal; el mal que ella hace es permanente.

Mahatma Gandhi

5.3 LA PERSONA JUSTA

Jesús representa la justicia, y los justos intentarán seguir los pasos de Jesús a lo largo de sus vidas. Para las personas justas, todas sus acciones cotidianas, todo lo que piensan, todas las decisiones que toman, todo lo que leen y miran, lo harán de la misma manera que Jesús lo hubiera hecho. Los justos sabrán inmediatamente si algo es correcto o incorrecto, justo o injusto, divino o no.

Jesús, que habita dentro del hombre justo, se comunica constantemente con su corazón, su conciencia, su alma y su espíritu. Para la persona justa, la justicia satura cada aspecto de su vida; ella busca llevar una vida digna en cada momento de su día. La sed y el hambre son apetitos que retornan muchas veces, exigiendo nuestra atención frecuentemente a lo largo del día. De la misma manera, los justos tienen constante necesidad de sustento proveniente de raciones de justicia para poder realizar un buen trabajo diario. Cuando una persona tiene hambre y sed de justicia, se convierte en un nuevo individuo y este nuevo individuo se acerca a Dios.

Una vida justa es aquella que trae paz y alegría a la persona justa. Y debido a su iluminación espiritual, ella percibe que nada puede ser más perfecto, más puro o más agradable a nuestro Creador Celestial que vivir con rectitud.

Es interesante notar que esta Bienaventuranza no dice: «Bienaventurados los justos». Al contrario, dice: «Bienaventurados los que tienen hambre y sed de justicia, porque ellos serán saciados». En esta Bienaventuranza parece estar implícita la comprensión de que estamos siendo desafiados a comprometernos en un proceso, un viaje, buscando alcanzar la justicia de Dios.

Pero no debemos preocuparnos por las pruebas en nuestros caminos porque Jesús nos prometió:

- «El que beba del agua que yo le daré, no tendrá sed jamás. En verdad, el agua que yo doy viene de la fuente de agua viva que da vida eterna». (Juan 4:14) (Ver Apéndice 1)

- «Yo soy el pan de vida». (Juan 6:48)

La verdadera religión se encuentra en la vida real: vivir con toda el alma, con toda la bondad y justicia.

Albert Einstein

5.4 CUIDAR EL CUERPO Y EL ESPÍRITU

Ampliando nuestros estudios sobre la cuarta Bienaventuranza y la necesidad de la templanza y la frugalidad, recurrimos a un pasaje de *El evangelio según el espiritismo*, en el que un Espíritu protector explica la necesidad de un cuidadoso mantenimiento del cuerpo que, como lo demuestran las consecuencias de la salud y la enfermedad, tiene una influencia muy importante sobre el alma, que debe ser considerada como prisionera de la carne. Para que esta prisionera pueda vivir, moverse e incluso concebir la ilusión de libertad, el cuerpo debe ser fuerte, de buen ánimo y vigoroso. Por esta razón, sería un error interpretar la enseñanza de Jesús: «Bienaventurados los que tienen hambre y sed de justicia, porque ellos serán saciados», como algo físico, y que implicase que debemos morir de hambre para alcanzar la perfección espiritual.

En el libro *La génesis* (capítulo XI, ítem 11), Kardec explica que [...] es el espíritu el que moldea su envoltura (cuerpo), de acuerdo con sus nuevas necesidades. Él lo eleva en dirección a la perfección, lo desarrolla y lo completa a medida que experimenta la necesidad de manifestar nuevas cualidades.

El Espiritismo nos ayuda a comprender la importancia de la relación entre el cuerpo y el alma, y nos dice que ambos son necesarios el uno para el otro y deben ser cuidados. Por eso, debemos amar nuestra alma, pero también cuidar nuestro cuerpo, el instrumento del alma. Ser negligentes con relación a las necesidades que la propia naturaleza nos indica, significa ser negligentes ante la ley de Dios.[12]

Entonces, aquellos que desean tener una conciencia tranquila, una mentalidad fuerte y una mente equilibrada, necesitan aprender frugalidad y templanza. Es necesario evitar comer en exceso, ya que perturba el cuerpo y la mente. Esto también es válido para el consumo excesivo de alcohol, que

---

12   George, un Espíritu protector (París, 1863). (*El evangelio según el espiritismo.* Capítulo XVII, ítem 11)

Transformación Interior

implica perder toda dignidad y sobrepasar todos los límites. La repetición frecuente de cualquiera de ellos conduce inevitablemente a enfermedades.

Necesitamos darle al cuerpo lo que necesita para seguir siendo un siervo útil, y nada más; esta es la regla de los sabios: reducir el consumo de sus necesidades físicas; someter los sentidos y dominar los apetitos inferiores; eliminar el yugo de las fuerzas inferiores; preparar la emancipación del espíritu. Tener pocas necesidades también es una forma de riqueza.[13]

Al fin y al cabo, la perfección reside enteramente en la transformación a la que sometemos nuestro espíritu, y nuestro cuerpo es un recipiente sagrado que debe ayudarnos a alcanzar este objetivo.

5.5 FRUGALIDAD Y TEMPLANZA

Benjamín Franklin nos habla de la importancia de la frugalidad y templanza:

- Frugalidad: No gastes dinero a menos que sea para hacer el bien a los demás y a ti mismo; no desperdicies nada.

- Templanza: No comas neciamente; ni bebas en exceso.

Ser frugal es esforzarse por vivir dentro de sus posibilidades. No desperdicies tu dinero en diversión y juegos, y no desperdicies los recursos que Dios te ha dado.

La persona templada evita los extremos. No bebas, ni comas en exceso, ni participes de algo que no es saludable. Intenta encontrar el punto medio y aprende a controlarte.

---

13   *Después de la muerte* de Léon Denis.

Si tuviéramos voluntad de permitirnos algo, reflexionemos un poco e intentemos aplicar este dicho oriental:

Para ser fuerte, para ser feliz, ¡sea puro!

ANEXO

JESÚS HABLA CON UNA MUJER SAMARITANA[14]

Y cuando el Señor comprendió que los fariseos habían oído que Jesús hacía más discípulos y bautizaba más que Juan, aunque Jesús mismo no bautizaba, sino que lo hacían los discípulos, dejó Judea y fue de vuelta a Galilea.

Y le era necesario pasar por Samaria. Entonces se fue a una ciudad de Samaria llamada Sicar, cerca de la heredad que Jacob dio a su hijo José. Allí estaba el pozo de Jacob. Jesús, cansado del camino, se sentó junto al pozo. Era casi la hora sexta.

Vio a una mujer de Samaria que vino a sacar agua; Jesús le dijo: «Dame de beber». Porque sus discípulos habían ido a la ciudad a comprar alimentos.

Entonces la mujer samaritana le dijo:

—¿Cómo siendo judío, me pides de beber a mí, que soy mujer samaritana? (Porque los judíos no se comunicaban con los samaritanos).

—Jesús respondió y le dijo:

---

14   Juan 4:1–26.

Transformación Interior

—Si tú conocieras el don de Dios, y quién es el que te dice: Dame de beber, le pedirías, y él te daría agua viva.

—La mujer le dijo:

—Señor, tú no tienes con qué sacarla, y el pozo es hondo; ¿dónde tienes el agua viva? ¿Acaso eres tú mayor que nuestro padre Jacob, que nos dio este pozo, del cual bebieron él, sus hijos y su ganado?

Jesús le respondió:

—Cualquiera que beba de esta agua volverá a tener sed; pero el que beba del agua que yo le daré, no tendrá sed, porque el agua que yo le daré se convertirá en un pozo de agua que saltará hacia la vida eterna.

La mujer le dijo:

—Señor, dame de esa agua, para que yo no tenga sed, y no tenga que venir aquí a sacarla.

Jesús le dijo:

—Ve, llama a tu marido, y ven aquí. La mujer respondió:

—No tengo marido.

—Porque tuviste cinco maridos, y el que ahora tienes no es tu marido; esto lo has dicho con verdad.

—Señor —le dijo la mujer—, veo que eres profeta. Nuestros padres adoraban este monte, y ahora tú dices que en Jerusalén es el lugar donde hay que adorar.

Jesús le dijo:

—Mujer, créeme, se acerca la hora en que ni en este monte ni en Jerusalén adoraréis al Padre. Vosotros adoráis lo que no conocéis; nosotros adoramos lo que conocemos porque la salvación viene de los judíos. Pero llega la hora, y ahora es, en que los *verdaderos adoradores adorarán al Padre en espíritu y en verdad; porque el Padre busca a aquellos que así le adoren. Dios es espíritu, y los que le adoran deben adorarle en espíritu y verdad.*

La mujer le dijo:

—Yo sé que viene el Mesías (que se llama Cristo); cuando venga, nos lo dirá todo.

Jesús le dijo:

—Yo soy el que te habla contigo.

LECTURA COMPLEMENTARIA

Recomendamos al lector leer el texto que aparece a continuación, subrayando los pasajes que más le han conmovido y que siente la necesidad de ser trabajados.

CARACTERÍSTICA ESPÍRITA

El compañero que se cuenta en el censo de la Nueva Revelación, no puede vivir de un modo diferente al de los demás, sin embargo, es llamado por su conciencia a imprimir a sus actos la característica que le indica su convicción espírita.

Trabaja —no a la manera de una noria consciente a la que permaneces atado por la cuerda de tu ambición desmedida, aniquilándote sin ningún provecho. Actúa construyendo.

Gana —no para retener el dinero o los recursos de la vida con fines de usura. Posee auxiliando.

Estudia —no para convertir tu personalidad en una vitrina de condecoraciones académicas, sin ningún valor para la humanidad. Aprende sirviendo.

Transformación Interior

Predica —no para consagrarte en torneos de oratoria y elocuencia convirtiendo la tribuna en un supuesto altar de su endiosamiento. Habla edificando.

Administra —no para ostentar tu poder en los círculos sociales sin respetar la responsabilidad que pesa sobre tus hombros. Dirige obedeciendo.

Instruye —no para transformar a los aprendices en ovejas a las que sometes a una constante esquila, sacando de ellos retribuciones y ventajas económicas y sociales. Enseña ejemplificando.

Escribe —no para exhibir pomposamente tu conocimiento del diccionario o rendir homenajes a las extravagancias de los escritores que hacen de la literatura una complicada escalera que utilizan para subir ellos solamente. Escribe ennobleciendo.

Cultiva la fe —no con la intención pretenciosa de escalar el cielo teológico por medio de un éxtasis inoperante, en tu falsa idea de que Dios es como un tirano amoroso afectado de caprichos y privilegios. Cree realizando.

El espírita vive como los demás, pero en todas las manifestaciones de la existencia está llamado a servir al prójimo a través de su actitud.

Emmanuel/André Luiz/Francisco C. Xavier —Opinión espírita, cap. 3

DECÁLOGO DE MEJORAMIENTO

1. *Disminuye tus propias necesidades y aumenta tus concesiones.*

2. *Intensifica tu trabajo y reduce las cuotas de tiempo no usado.*

3. *Eleva las ideas y suprime los impulsos.*

4. *Libera al «hombre del presente», en dirección a Jesús y aprisiona al «hombre del pasado» que aún vive dentro de ti.*

5. *Vigila tus gestos, y comprende los gestos de los demás.*

6. *Persevera en el estudio noble, reconociendo la escuela en la vida sagrada de nuestra ascensión a Dios.*

7. *Júzgate y discúlpate sin distinción.*

8. *Habla con humildad, y escucha atentamente.*

9. *Medita haciendo y ora sirviendo.*

10. *Confía en el Amor del Eterno y rinde culto diario a tus obligaciones, en las que él mismo te colocó.*

André Luiz/Francisco C. Xavier – Ideal espírita, cap. 28

JUSSARA KORNGOLD

6
PERDÓN Y MISERICORDIA
MODERACIÓN

OBJETIVO: Analizar la importancia de ser misericordioso y perdonador según las Bienaventuranzas enseñadas por Jesús en el Sermón de la Montaña, y correlacionar esta enseñanza con una de las trece virtudes de Benjamín Franklin: la moderación.

6.1 PERDÓN Y MISERICORDIA

«Bienaventurados los misericordiosos, porque ellos alcanzarán misericordia».

(MATEO 5:7)

La misericordia es el complemento de la mansedumbre, porque quien no es misericordioso no puede ser manso y pacífico. La misericordia consiste en olvidar y perdonar las ofensas. Solamente el alma avanzada puede olvidar las ofensas y estar por encima de los insultos que puedan dirigirse hacia ella.

Ay de aquel que dice: «Yo nunca perdonaré», porque si no fuera condenado por los hombres, ciertamente será condenado por Dios. ¿Con qué derecho pide perdón por sus propias faltas si él mismo no perdona las de los demás? Jesús nos enseña que la misericordia no debe tener límites, cuando dice que hay que perdonar al hermano no siete veces, sino setenta veces siete. (*El evangelio según el espiritismo*, cap. X)

Para comprender mejor la necesidad del perdón, es necesario reflexionar sobre el lema principal del Espiritismo: Fuera de la caridad no hay salvación, y la caridad en su plena expresión abarca el perdón, como se menciona en la pregunta 886 de *El libro de los espíritus*:

¿Cuál es el verdadero significado de la palabra caridad tal como Jesús la entendía?

«Benevolencia para con todos, indulgencia para las imperfecciones de los demás, perdón de las ofensas».

Todos aprendemos sobre la importancia del perdón, pero muchas veces solo nos dicen que perdonemos; no nos enseñaron cómo perdonar de verdad y lo que esto significa. El punto es que todos en algún momento de nuestras vidas ya hemos sido heridos, lastimados –algunos de nosotros, muchas veces– y podemos sentir resentimiento, ira, incluso odio hacia las personas responsables de esto. Puede que nuestra educación religiosa nos haya enseñado a «perdonar a nuestros enemigos» o a «poner la otra mejilla», pero puede que nos resulte difícil hacerlo, incluso cuando queramos. En la oración del «Padre Nuestro» pedimos a Dios que «perdone nuestras deudas, así como también nosotros perdonamos a nuestros deudores», pero en realidad nos contentaríamos con el perdón solo para nosotros mismos. Por tanto, concluimos que es tan difícil perdonar a los demás como perdonarnos a nosotros mismos.

¿Cuántas veces pagamos por un error? La respuesta es miles de veces. Los seres humanos somos los únicos animales en la Tierra que pagamos miles de veces por el mismo error. Otros animales solo pagan una vez por cada error. Pero nosotros no. Tenemos una memoria prodigiosa. Cometemos errores, nos juzgamos, nos sentimos culpables y nos castigamos. Si hay justicia, una vez bastaría; no necesitamos repetirlo. Pero cada vez que recordamos, nos juzgamos una vez más, nos culpamos de nuevo y nos castigamos repetidamente. Una esposa o un esposo también puede recordarnos nuestros errores, de modo que terminemos juzgándonos y castigándonos y sintiéndonos culpables nuevamente. ¿Es eso justo?

¿Cuántas veces hacemos que nuestros cónyuges, nuestros hijos o nuestros padres paguen por el mismo error? Cada vez que recordamos el error, les culpamos y enviamos nuevamente todo el veneno emocional que sentimos por la injusticia, y luego les hacemos pagar nuevamente por el mismo error. ¿Sería esto justicia?[15]

Es esencial reconocer que esta no es tu función y que no tienes derecho a castigar repetidamente a otra persona o a ti mismo por cometer un error. Como ser humano, tu deber es únicamente perdonar, amar, sanar y, por supuesto, perdonar siempre.

Perdonar es liberar a un prisionero y descubrir que ese prisionero eras tú.

(Autor desconocido)

---

15   El don del Perdón –Un encuentro mágico con don Miguel Ruiz por Olivier Clerc. En su libro *Los cuatro acuerdos*, Don Miguel Ruiz explica la importancia del perdón.

Transformación Interior

6.2 PERDÓN Y SALUD

Muchas veces se envía un presente de flores para pedir perdón, pero investigaciones recientes sugieren que puede ser mejor para la salud perdonar incluso si no hay regalos. Un estudio realizado en el Instituto de Investigación Social de la Universidad de Michigan concluyó que las personas que perdonan tienen menos sentimientos de inquietud, nerviosismo y desesperanza.

Aprender a perdonar es tanto un arte como una ciencia. Es un hábito, un modo de vivir y una actitud más que un acto aislado. Muchos estudios muestran que, si bien la ira puede ser una forma saludable de liberar energía acumulada, la hostilidad no es saludable y es el principal factor de riesgo emocional de muerte prematura por enfermedad cardiovascular. El perdón reduce la presión arterial y la frecuencia cardíaca, y también reduce el dolor crónico y los síntomas de la depresión, ansiedad o estrés.

102 |

La clave para estar más saludable es a través del perdón, dicen los especialistas, y reconocen que el sufrimiento físico o mental que sientes ahora por una situación o rencor proviene del sentimiento de dolor actual, y no de la ofensa originada o del dolor que experimentaste en el pasado. Dejar ir estos sentimientos actuales puede ayudarte a sentirte más saludable.

Las emociones negativas se registran en nuestra memoria celular. Ellas permanecen archivadas y afectan nuestra salud, produciendo traumas y bloqueos emocionales.

El Dr. Frederic Luskin, un especialista en el aprendizaje del perdón, explica: «La práctica ha demostrado que el perdón reduce la ira, el dolor, la depresión y el estrés, y genera mayores sentimientos de esperanza, paz, compasión y autoconfianza».

Vivenciar un conflicto pasado y el daño infligido por otra persona «no les duele a ellos, pero te duele a ti», dijo Luskin. «Dominan tu sistema nervioso y no son buenos huéspedes».

En su investigación, Luskin, reputado consultor en promoción de la salud de la Universidad de Stanford, puso en práctica su terapia del perdón con personas afectadas por la violencia en Irlanda del Norte y Sierra Leona y con personas afectadas en Estados Unidos por los sucesos del 11 de septiembre de 2001. Sus conclusiones muestran que, en general, quienes se sometieron a la terapia redujeron su tensión arterial, adquirieron una visión más optimista de la vida y alcanzaron niveles significativos de paz con el pasado. Luskin dice que la hostilidad es un factor de enfermedad cardiovascular y que, cuando se piensa negativamente «el corazón recibe una descarga de esa negatividad».

Luskin dijo que algunas personas evitan perdonar porque es más fácil culpar a los conflictos del pasado de sus problemas actuales. «Muchos de nosotros nos mantenemos estancados porque no queremos asumir la responsabilidad de nuestras propias vidas».

«La práctica del perdón conduce a relaciones saludables, así como a la salud física».

El Dr. Luskin presenta 9 Pasos para el perdón:

1. Analiza exactamente cómo te sientes sobre lo ocurrido y sé capaz de decir lo que no está OK sobre la situación. Habla con algunas personas de tu confianza sobre tu experiencia.

2. Comprométete contigo mismo a hacer lo que puedas para sentirte mejor. El perdón es beneficioso para ti y no para otra persona.

3. El perdón no significa necesariamente reconciliarse con la persona que te lastimó o ser cómplice de las acciones de esa persona. Lo que necesitas es encontrar la paz. El perdón se puede definir como «la paz y la comprensión de culpar menos por lo que te hizo daño, aceptar las experiencias de la vida de forma menos personal y cambiar tus experiencias de arrepentimiento».

4. Analiza correctamente lo que está sucediendo. Reconoce que tu malestar proviene de los sentimientos heridos, de los pensamientos y el malestar físico que estás experimentando ahora, no de lo que te ofendió hace dos minutos o hace diez años. El perdón ayuda a sanar esos sentimientos heridos.

5. En el momento en que te sientas perturbado, pon en práctica una técnica sencilla de control del estrés para calmar tu cuerpo y tu alma.

6. Deja de esperar cosas de otras personas, o de tu vida, que ellas no eligieron darte. Reconoce las «reglas establecidas» que tienes para tu salud, como por ejemplo la manera como tú u otras personas deben comportarse. Recuerda que puedes esperar salud, amor, paz y prosperidad y trabajar duro para obtenerlas.

7. Pon tu energía en buscar otra forma de alcanzar tus metas positivas que no sea a través de la experiencia que te hizo daño. En lugar de repasar mentalmente tu dolor, busca nuevas formas de conseguir lo que deseas.

8. Recuerda que una vida bien vivida es tu mejor respuesta. En lugar de centrarte en tus sentimientos heridos, que darían poder sobre ti a la persona que te causó dolor, aprende a fijarte en el amor, la belleza

y la bondad que te rodean. El perdón es un poder personal.

9. Modifica tu historia de arrepentimiento por el recuerdo de tu heroica elección de perdonar.

    El ojo por ojo dejará ciega a toda la humanidad.

Gandhi

6.2.1 EL PERDÓN: CÓMO LIBERARSE DE LAS EMOCIONES TÓXICAS

El Dr. Deepak Chopra afirma: «El perdón es una poderosa herramienta para la cura personal y la transformación espiritual, pero es una habilidad que debe aprenderse. Practicando los PASOS para liberar las emociones tóxicas, podemos hacer del perdón una parte funcional de nuestro crecimiento en lugar de ser apenas un dictado moral». La mejor manera de entender el perdón es darse cuenta de que perdonar y pedir perdón es el mejor uso que podemos hacer de nuestra energía y también uno de los caminos más importantes hacia la autocura.

La hostilidad es una emoción que provoca inflamaciones físicas y puede dar lugar a episodios cardiovasculares inflamatorios, y también está relacionada con enfermedades de inmunodeficiencia; es algo más que recordar el dolor, también es rumiar una herida pasada.

Si usted patea a un perro y lo lastima, él lo recordará, y si lo encuentras muchos años después, puede que te ataque para proteger su vida. Por lo tanto, a diferencia de los seres humanos, el perro no planificará durante años la forma de vengarse. Debido a que los seres humanos reflexionan sobre las heridas del pasado y tienen la capacidad de imaginar y planificar el futuro, son capaces de ejercer una enorme violencia contra sí mismos y contra sus semejantes. Esta es una buena razón para aprender a perdonar.

Aprender a liberar emociones tóxicas, como la hostilidad, es la esencia de aprender a perdonar, porque el perdón es básicamente liberar tu apego o identificación con la respuesta condicionada. Existen algunas técnicas psicológicas bien desarrolladas para liberar las emociones tóxicas, que se basan en la premisa de ganar objetividad y claridad sobre la emoción antes de poder liberarla y perdonar.

Aquí están las 7 etapas del proceso de liberación de emociones tóxicas:

1. Asumir la responsabilidad de tus emociones.

2. Testimoniar la emoción.

3. Definir o catalogar la emoción.

4. Expresar las emociones.

5. Compartir la emoción.

6. Liberar la emoción a través de un ritual.

7. Celebra la liberación y SEGUIR ADELANTE.

Una vez que localices la molestia en tu cuerpo, siéntela durante algunos minutos. Pregúntate: «¿Quién es la persona más afectada por aferrarse a la energía tóxica?»

La respuesta, por supuesto, es obvia: tú te estás perjudicando a ti mismo más de lo que está sufriendo el otro.

El resentimiento es como beber veneno y esperar que él mate a tus enemigos.

Nelson Mandela

6.2.2 PERDÓN - SALUD Y ALEGRÍA

Everett L. Worthington, Jr., doctor y profesor de psicología en la Virginia Commonwealth University de Richmond (Virginia), afirma: «El perdón es simultáneamente una decisión y un cambio real en la experiencia emocional. Este cambio en la emoción está relacionado con una mejor salud mental y física».

El Dr. Worthington no solo estudió el acto radical del perdón en Virginia Commonwealth University, sino que tomó su propia medicina, perdonando a los autores del brutal asesinato de su madre anciana en 1996.

Se refiere al proceso del perdón como *REACH* (Alcance):

1. Recuerda el dolor, tan objetivamente como puedas. No juzgues a la otra persona añadiendo etiquetas como «malo». Respira profundamente mientras lo haces.

2. Empatiza con la persona que te ha hecho daño. Intenta comprender el punto de vista de la otra persona. Puede que no sea fácil, pero intenta encontrar alguna explicación plausible a la forma de pensar de la otra persona que haya provocado acciones ofensivas. Por ejemplo, cuando las personas se sienten amenazadas o tienen miedo, pueden atacar con violencia. Es

importante recordar que no estás disculpando el comportamiento de la otra persona, sino tratando de entender su punto de vista.

3. Presenta la forma altruista del perdón. De nuevo, esto puede no ser fácil. Piensa en algún momento en el que hayas hecho daño a alguien, en el que te hayas sentido culpable y hayas sido perdonado. El perdón fue un regalo. Ahora da ese regalo del perdón en beneficio de otra persona. Esto te liberará cuando puedas dar ese regalo sin guardar rencor.

4. Comprométete a perdonar públicamente. El Dr. Worthington hace que sus clientes escriban cartas pidiendo perdón, escribe en un diario o cuenta a un amigo lo que han hecho.

5. Piensa en el perdón y aférrate a él. Cuando resurjan los recuerdos del suceso doloroso, y sin duda lo harán, aférrate al hecho de que ya has perdonado a la persona. El perdón no borra el suceso y los recuerdos no significan que seas incapaz de perdonar. El perdón es una elección poderosa para cambiar la energía que transporta un recuerdo doloroso. Deja ir los pensamientos de venganza o revancha.

El perdón es la fragancia que la violeta esparce sobre el talón que la aplastó.

Mark Twain

Recordemos que al perdonar a los demás no necesariamente nos convertimos en grandes amigos de las personas que nos han hecho mal, pero al menos dejaremos de aprisionar nuestro corazón en el resentimiento, la ira y otros sentimientos de aislamiento. No tenemos que amar activamente a nuestros enemigos, ni siquiera que nos gusten; solo necesitamos dejar de anular nuestra capacidad de amarlos, para parar de utilizarlos como una razón para encoger nuestro corazón y secar progresivamente nuestro amor.

6.3. MODERACIÓN Y PERDÓN

Benjamín Franklin expresó elocuentemente la importancia de la moderación cuando dijo: «Evitemos los extremos; abstengámonos de guardar resentimientos por las injurias, en la medida en que las consideremos merecidas». Él comprendió que una forma de lograr la evolución espiritual era aprender a perdonar las ofensas y abandonar los resentimientos, evitando así acciones que puedan conducirnos a males mayores.

Moderación en todas las cosas, incluida la moderación.

| 109

Benjamín Franklin

6.4. LA FE RAZONADA Y EL PERDÓN

En cuanto a los recursos del Espiritismo, para obtener la fuerza para perdonar, podemos:

a) Construir una fe razonada en nosotros mismos. Estudiar los principios del Espiritismo nos ayuda considerablemente a conseguir el perdón. Cuando estudiamos y, especialmente, después de estudiar, tomamos *conciencia* de los atributos de la divinidad, y quedamos atentos al hecho de que todo lo que nos sucede tiene una causa y, si Dios es justo, esa causa debe ser justa. De este modo, vamos adquiriendo una mayor propensión al perdón.

Esta concientización puede ser desarrollada con la ayuda de ejercicios y técnicas de relajación, acompañada por la oración.

b) Considerar la inmortalidad del alma e introducir una visión más amplia de la vida. Tener siempre presente en la memoria y reflexionar que preexistimos y sobrevivimos a la vida presente, somos más que cuerpos materiales, y por tanto, es razonable atribuir un valor relativo a los bienes materiales, a las situaciones sociales y liberarnos del concepto de valor que la mentalidad aún materialista atribuye a las personas en función de sus posiciones y posesiones temporales.

c) Estudiar a fondo la reencarnación, leyendo, reflexionando y observando los hechos. Analizar las leyes de causa y efecto en el mundo moral; aplicar las conclusiones de estas reflexiones a nuestro caso personal, a los sufrimientos y decepciones que eventualmente nos puedan visitar. Comprender que todos los sufrimientos y decepciones que Dios permite que nos afecten son justos porque tienen una causa y una finalidad evolutiva.

d) Reflexionar sobre la aplicación práctica de los conceptos de resignación y los desafíos cotidianos expuestos anteriormente en la Lección 3 de este libro: Resignación en la adversidad - Tranquilidad;

e) Admitir que el perdón es una continuación, una consecuencia lógica de la resignación en la adversidad, porque si necesitamos tener resignación, aceptación de los problemas que naturalmente se nos presentan, es lógico y sabio tener resignación cuando esas adversidades han sido causadas por la irreflexión, la imprudencia o las malas intenciones de las personas. Podríamos incluso decir que la capacidad de perdonar se desarrolla con el fortalecimiento de la capacidad de resignación en la adversidad y la comprensión de que afrontar situaciones difíciles, es una gran oportunidad para acelerar nuestro progreso y alcanzar la alegría y la felicidad legítima.

Allan Kardec expresa estos pensamientos en *El evangelio según el espiritismo* (capítulo XII, ítem 4), de la siguiente manera:

Sabe él (el espírita) que, por el destino mismo de la Tierra, no habrá de encontrar en ella más que hombres malvados y perversos; que las maldades a que está expuesto forman parte de las pruebas que debe sufrir, y el punto de vista elevado en que se coloca contribuye a que las vicisitudes le resulten menos amargas, ya sea que estas provengan de los hombres o de las cosas. Si no se queja de las pruebas, tampoco debe quejarse de aquellos que les sirven de instrumento. Si, en vez de quejarse, da gracias a Dios porque lo puso a prueba, también debe dar gracias a la mano que le proporciona la ocasión de demostrar su paciencia y su resignación. Ese pensamiento lo predispone naturalmente al perdón. Siente, además, que cuanto más generoso es, más se engrandece ante sí mismo y se ubica fuera del alcance de los dardos malévolos de su enemigo.

| 111

6.5. JESÚS Y EL PERDÓN

Entonces Pedro se aproximó a Él y le dijo: «Señor, ¿cuántas veces perdonaré a mi hermano, cuando haya pecado contra mí?

Transformación Interior

¿Hasta siete veces?» Jesús le respondió: «No te digo hasta siete veces, sino hasta setenta veces siete veces».[16]

Esta enseñanza nos recuerda la historia de una señora que acudió a Chico Xavier y le habló de su difícil familia, diciéndole que ya no podía soportarla por más tiempo. Su marido era muy agresivo y sus hijos la volvían loca.

Chico le recordó que Jesús recomendaba perdonar no solo siete veces, sino setenta veces siete. Pero ella respondió a Chico:

«Mira Chico, me doy cuenta del valor del perdón y he perdonado a mis parientes más de cuatrocientas noventa veces».

«Bueno, mi hija, Emmanuel está a mi lado y me pide que te diga que debemos perdonar setenta veces siete todo tipo de delito. Aún hay mucho más que perdonar».

Perdonar a los enemigos es pedir perdón para uno mismo. Perdonar a los amigos es darles una prueba de amistad. Perdonar las ofensas es mostrarse mejor de lo que se era.

Pablo, apóstol (*ESE*, cap. X, ítem 15)

Aprendamos también a perdonar a nuestros hermanos y hermanas y a seguir el ejemplo de Jesús. En el momento más doloroso de su vida, sus pensamientos se volvieron hacia nosotros, sus hermanos y hermanas, cuando pronunció las palabras que aún hoy resuenan en nuestros corazones:

Padre, perdónalos, porque no saben lo que hacen.

Lucas 23:34

---

16   (Mateo 18:15, 21-22)

LECTURA COMPLEMENTARIA

Recomendamos al lector leer el texto que aparece a continuación, subrayando los pasajes que más le han conmovido y que siente la necesidad de ser trabajados.

INSTRUCCIONES DE LOS ESPÍRITUS - PERDÓN DE LAS OFENSAS

¿Cuántas veces perdonaré a mi hermano? Lo perdonarás no siete veces, sino setenta veces siete veces. Aquí tenéis una máxima de Jesús que debe impresionar a vuestra inteligencia y hablar más alto a vuestro corazón. Comparad esas palabras misericordiosas con la oración que Jesús enseñó a sus discípulos, tan sencilla, tan resumida y tan grande en sus aspiraciones, y encontraréis siempre el mismo pensamiento.

Jesús, el justo por excelencia, responde a Pedro: Perdonarás, pero sin límites; perdonarás cada ofensa que se te haga; enseñarás a tus hermanos ese olvido de sí mismo que hace al hombre invulnerable contra el ataque, los malos procederes y las injurias; serás dulce y humilde de corazón, y nunca medirás tu mansedumbre; harás, en suma, lo que deseas que el Padre celestial haga por ti. ¿No te perdona Él a menudo? ¿Cuenta Él, acaso, las veces que su perdón desciende para borrar tus faltas?

Prestad atención, pues, a esa respuesta de Jesús y, como Pedro, aplicadla a vosotros mismos. Perdonad, sed indulgentes, caritativos, generosos y hasta pródigos de vuestro amor.

Dad, porque el Señor os retribuirá. Perdonad, porque el Señor os perdonará. Rebajaos, porque el Señor os elevará. Humillaos, porque el Señor os hará sentar a su derecha.

Transformación Interior

Id, mis bienamados, estudiad y comentad estas palabras que os dirijo de parte de Aquel que, desde lo alto de los esplendores celestiales, mira siempre hacia vosotros, y prosigue con amor la tarea ingrata que empezó hace dieciocho siglos. Perdonad a vuestros hermanos, como tenéis necesidad de que ellos os perdonen a vosotros. Si sus actos os han perjudicado personalmente, mayor motivo tenéis para ser indulgentes, porque el mérito del perdón se halla proporcionado a la gravedad del mal. No tendríais ningún merecimiento al perdonar los errores de vuestros hermanos si sólo os hubiesen hecho pequeñas heridas.

Espíritas, no olvidéis nunca que tanto en palabras como en acciones, el perdón de las injurias no debe ser un término vano. Si os llamáis espíritas, sedlo realmente. Olvidad el mal que os hayan hecho y no penséis sino en una cosa: el bien que podéis dar a cambio. El que ha ingresado en este camino no debe apartarse de él, ni siquiera con el pensamiento, porque también sois responsables de vuestros pensamientos, que Dios conoce. Haced, por consiguiente, que estén despojados de todo sentimiento de rencor. Dios conoce lo que habita en el fondo del corazón de cada uno. Feliz, pues, aquel que cada noche puede dormirse diciendo: «No tengo nada contra mi prójimo».

Simeón. Burdeos, 1862

(*EL EVANGELIO SEGÚN EL ESPIRITISMO*, CAP. X, ÍTEM14)

PARÁBOLA DEL HIJO PRÓDIGO[17]

Un hombre tenía dos hijos.

---

17   Lucas 15:11-32.

Y el menor le dijo a su padre: Padre, dame la parte de la herencia que me corresponde. Y el padre les repartió la herencia.

A los pocos días, el hijo menor reunió todo lo suyo, se fue para un país lejano, y allí malgastó toda su fortuna llevando una mala vida. Cuando se lo había gastado todo, sobrevino una gran hambre en aquella comarca y comenzó a padecer necesidad.

Entonces se fue a servir a casa de uno de los ciudadanos de aquel país, que lo envió para sus campos a apacentar cerdos.

Tenía ganas de llenar su estómago con la comida de los cerdos, pero nadie le daba nada. Entonces, reflexionando en sí, dijo: ¡Cuántos jornaleros en casa de mi padre tienen abundancia de pan, y yo aquí perezco de hambre!

Volveré a mi padre y le diré: Padre, he pecado contra el cielo y contra ti; ya no soy digno de llamarme hijo tuyo: tenme como a uno de tus jornaleros.

Se puso en camino y fue a casa de su padre.

Cuando aún estaba lejos, su padre lo vio y, conmovido, fue corriendo, se echó al cuello de su hijo y lo cubrió de besos.

El hijo comenzó a decir: Padre, he pecado contra el cielo y contra ti. Ya no soy digno de llamarme hijo tuyo. Pero el padre dijo a sus criados: Sacad inmediatamente el mejor traje y ponérselo; ponerle un anillo en su dedo y sandalias en sus pies; traed también el ternero cebado y matadlo, celebremos un banquete, porque este hijo mío estaba muerto y ha vuelto a la vida, se había perdido y ha sido encontrado. Y se pusieron todos a festejarlo.

El hijo mayor estaba en el campo y, al volver y acercarse a la casa, oyó la música y los bailes; y llegando le preguntó a uno de los criados qué significaba aquello.

Y le dijo: Tu hermano ha venido, y tu padre ha matado el ternero cebado, porque lo ha recibido sano y salvo.

Transformación Interior

Pero él se indignó y no quiso entrar. Entonces salió su padre y le animó a entrar.

Él contestó a su padre: Hace ya tantos años que te sirvo sin desobedecer jamás tus órdenes, y nunca me has dado ni un cabrito para celebrar una fiesta con mis amigos; ahora llega ese hijo tuyo, que se ha gastado toda su fortuna con malas mujeres, y tú le matas el ternero cebado.

Su padre le respondió: Hijo, tú estás siempre conmigo, y todo lo mío es tuyo; pero es justo que nos alegremos y nos regocijemos, porque este hermano tuyo estaba muerto y ha vuelto a la vida; estaba perdido y ha sido encontrado.

7
PERFECCIÓN MORAL LIMPIEZA Y CASTIDAD

OBJETIVO: Analizar la importancia de tener un corazón puro según las Bienaventuranzas enseñadas por Jesús en el Sermón de la Montaña y correlacionar esta enseñanza con dos de las trece virtudes de Benjamín Franklin: la limpieza y la castidad.

| 117

7.1. PERFECCIÓN

La definición más antigua de «perfección», que es bastante precisa y distingue entre los diversos matices del concepto, se remonta a Aristóteles. En el Libro *Delta de la metafísica*,[18] él distingue tres significados del término, o más bien tres niveles de una misma acepción, pero en algunos casos tres conceptos diferentes. Lo que es perfecto:

1.   lo que está completo - lo que contiene todas las partes;

---

18   Aunque el libro se conoce con el título de *Metafísica*, uno de los discípulos de Aristóteles, Andrónico de Rodas, organizó y clasificó las obras del filósofo en una secuencia de volúmenes que constituían la Metafísica (a saber, Alfa, Beta, Gamma, Delta, etc.). [Nota del revisor, I. M.]

2. lo que es lo mejor de su género porque no hay nada que pueda superarlo;

3. lo que ha logrado su propósito.

Para Aristóteles, «perfecto» significa «completo» («nada que añadir o restar»).[19]

El concepto de perfección, como atributo de Dios, entró a formar parte del horizonte teológico solo en los tiempos modernos, a través de René Descartes, como un concepto singular y también plural, como las «perfecciones» de Dios.

Después de Descartes, otros grandes filósofos del siglo XVII mantuvieron esta idea de perfección como uno de los conceptos principales de la filosofía.

Hay una historia sobre un discípulo de un gran gurú indio que preguntó a su gran maestro:

«¿Cuántas vidas debo vivir para alcanzar la perfección?». El maestro señaló el gran árbol bajo el que estaba sentado y respondió: «Debes vivir tantas vidas como el número de hojas de este árbol». Al oír la respuesta, el discípulo comenzó a llorar compulsivamente. Cuando el maestro le preguntó por qué lloraba, exclamó: «¡Tan pocas! ¡Tan pocas para alcanzar la perfección!».

7.2. «BIENAVENTURADOS LOS LIMPIOS

---

19   Tatarkiewicz, «Perfection: the Term and the Concept,» Dialectics and Humanism, vol. VI, n.º 4 (Autumn 1979).

DE CORAZÓN, PORQUE ELLOS VERÁN A DIOS».

La sexta Bienaventuranza que encontramos en el Sermón de la Montaña es: «Bienaventurados los puros de corazón, porque ellos verán a Dios».

Empecemos analizando la palabra «corazón». Hoy en día, el término corazón se utiliza principalmente para describir el aspecto emocional de un individuo. El diccionario Webster lo define como: «la sede de las emociones: considerada el lado moral de la naturaleza humana frente al intelectual, por ejemplo, era todo razón y nada corazón».

En la Biblia, el término corazón describe todo el aspecto íntimo del individuo. Describe el ser integral, es decir, la esencia de la personalidad. Por lo tanto, la palabra «corazón» se refiere a la conciencia integral del individuo, así como al intelecto, las emociones y la voluntad. No hay ninguna palabra utilizada en la Biblia que sea más completa para definir todos los aspectos de las funciones de la mente del individuo, su conciencia y su ser.

El corazón es el centro y la fuente de todo lo que somos y hacemos. Por tanto, el estudio del corazón es fundamental para la relación con Dios. Cuando Jesús habla de la pureza del corazón, nos está invitando a trabajar en nuestra transformación moral para que podamos alcanzar la perfección moral. Sabemos muy bien lo que los seres humanos somos capaces de desplegar en nuestro corazón, desde pensamientos malsanos, avaricia, injuria y arrogancia, hasta amor, compasión y fraternidad. Las construcciones negativas que salen de nuestro corazón son las que nos dificultan ver y sentir la presencia de Dios.

Transformación Interior

La pureza de corazón es inseparable de la sencillez y la humildad, y excluye todo pensamiento de egoísmo y orgullo. Por esta razón, usando palabras muy sencillas y directas, Jesús dijo a los apóstoles: «Dejad que los niños vengan a mí, y no se lo impidáis, porque el reino de los Cielos es para aquellos que son como ellos. En verdad os digo que el que no reciba el Reino de Dios como un niño, no entrará en él».[20]

Jesús utiliza la infancia como símbolo de pureza, al igual que la utiliza como símbolo de humildad.

Este pasaje nos muestra que, si no conquistamos la pureza de corazón, eliminando el orgullo, los prejuicios y el odio de nuestra personalidad, no seremos capaces de llegar a Dios, es decir, experimentar y alcanzar la perfección.

«Esta comparación puede parecer menos justa si consideramos que el Espíritu del niño puede ser muy antiguo y que, cuando renace a la vida corporal, trae imperfecciones de las que no se ha librado en sus existencias anteriores. Solo un Espíritu que ha alcanzado la perfección podría ofrecernos el tipo de la verdadera pureza. La comparación es exacta, sin embargo, desde el punto de vista de la vida presente, porque el niño, al no haber podido manifestar todavía ninguna tendencia perversa, nos presenta la imagen de la inocencia y del candor. Por eso Jesús no dijo absolutamente que el reino de los Cielos es para ellos, sino para los que son como ellos». (ESE, cap. VIII, ítem 3)

Durante los primeros años, «el Espíritu es en realidad un niño, porque las ideas que forman la base de su carácter todavía se encuentran embotadas. Durante el tiempo en que sus instintos están adormecidos, el Espíritu es más flexible y, por eso mismo, más accesible a las impresiones que puedan

---

20   Marcos 10:13–16 y Lucas 18:15–17.

modificar su naturaleza y hacerlo progresar, lo que hace más sencilla la tarea impuesta a los padres.

El Espíritu se cubre, en forma transitoria, con la túnica de la inocencia, y Jesús expresa una verdad cuando, a pesar de que el alma es anterior, toma al niño como símbolo de la pureza y la simplicidad».

(ESE, CAP. VIII, ÍTEM 4)

Una pregunta muy importante que debemos hacernos es ¿cómo podemos ser verdaderamente puros de corazón? ¿Cómo podemos ser puros en nuestra imaginación, nuestros pensamientos, nuestras palabras, nuestras decisiones y nuestros deseos? «La verdadera pureza no reside solamente en los actos; también está en el pensamiento, porque quien tiene el corazón puro ni siquiera piensa en el mal».

(ESE, CAP. VIII, ÍTEM 6)

Entonces, ¿cómo podemos pensar como Dios piensa, querer como Dios quiere, desear como Dios desea, amar como Dios ama? En otras palabras, ¿cómo pueden nuestros corazones ser puros, libres de errores como el orgullo y la envidia, libres de pensamientos y acciones crueles?

Muchas personas intentan purificarse mediante el ascetismo, llevando una vida de completa renuncia de sí mismo, por otros métodos como aislarse del mundo, llevar una vida solitaria, mediante el silencio permanente o la autoflagelación. Intentan limpiar sus cuerpos mediante el celibato, el ayuno y la oración, pero este ascetismo no da como resultado la pureza de corazón.

Así pues, el primer punto que debemos señalar es el siguiente: el camino hacia un corazón puro comienza con la constatación de que aún estamos en marcha, pero lejos de la perfección y, por tanto, de que nuestro corazón aún alberga sentimientos negativos. Debemos aprender de las enseñanzas de Jesús y de la Biblia que el camino hacia Dios no tiene nada que ver con nuestra apariencia externa, nuestro comportamiento o nuestros logros materiales. No importa el nivel de educación, inteligencia, éxito en los negocios, o posición social que haya alcanzado una persona. Estos factores no tienen ningún efecto sobre la pureza del corazón.

En la Parábola del festín de bodas (Mateo 22:10-14), se puede leer: «Los servidores salieron a las calles y reunieron a todos los que encontraron, buenos y malos; y la sala de bodas se llenó de comensales.

El rey entró enseguida para ver a los que estaban a la mesa, y vio allí un hombre que no estaba vestido con la túnica nupcial, y le dijo: 'Amigo, ¿cómo has entrado aquí sin la túnica nupcial?' El hombre enmudeció. Entonces, el rey dijo a su gente:

—Atadle de pies y manos, y arrojadlo a las tinieblas exteriores: allí habrá llanto y crujir de dientes. Porque muchos son los llamados, y pocos los escogidos».

¿Qué podemos hacer entonces para obtener la pureza de corazón? Para empezar, tenemos que aprender a vernos como realmente somos, siguiendo el consejo que recibimos de los Espíritus cuando Allan Kardec (*El libro de los espíritus*) les preguntó:

919. *¿Cuál es el medio práctico más eficaz para mejorar en esta vida y resistir a la incitación del mal?*

«Un sabio de la Antigüedad os lo ha dicho: Conócete a ti mismo».

909. *El hombre, ¿podría en todos los casos vencer sus malas inclinaciones mediante su esfuerzo?*

«Sí, y a veces mediante un pequeño esfuerzo. Lo que le falta es voluntad. ¡Ah! ¡Cuán pocos de vosotros os esforzáis!».

Por regla general, siempre estamos dispuestos a excusar nuestras propias transgresiones, haciendo todo tipo de racionalizaciones para justificar nuestros pensamientos y acciones. Mientras insistamos en lidiar con nuestras imperfecciones mediante el uso de medias verdades, seremos incapaces de superarlas. Si creemos seriamente en nuestra transformación personal, no debemos alimentar ninguna imperfección que podamos tener.

Mantener nuestros corazones puros requiere un compromiso total con todos los momentos. Debemos buscar la pureza de corazón ahora en el presente, de lo contrario, la noción externa de religiosidad nos engañará.

Tenemos que comprometernos cada día al menos a intentar no cometer errores. Nuestros pensamientos permearán y controlarán todo nuestro carácter. Debemos prestar atención a la recomendación de Pablo: «Por lo demás, todo lo que es verdadero... todo lo honesto... todo lo puro... todo lo amable... todo lo conveniente... en esto pensad».

(FILIPENSES 4:8)

Siendo honestos con nosotros mismos, podremos lograr nuestra transformación moral. Todo ser humano lleva grabados en sí, en su conciencia, en su razón, los rudimentos de la ley moral. Una buena acción proporciona a su autor una satisfacción íntima, una especie de expansión, de florecimiento del alma; nuestras faltas, por el contrario, a menudo traen como consecuencia dolor y remordimiento.

El espíritu encuentra en todas partes lo que ha hecho de sí mismo. Si viola la ley moral, oscurece su conciencia y sus facultades; se materializa, se encadena con sus propias manos.

Practicando la ley del bien, dominando las pasiones brutales, se alivia y se acerca cada vez más a los mundos felices.

Vista desde estos aspectos, la vida moral se impone como una estricta obligación hacia todos aquellos que tienen algún interés en sus destinos; de ahí la necesidad de una higiene del alma, que se aplique a todos nuestros actos, manteniendo nuestras fuerzas espirituales en un estado de equilibrio y armonía.

Con la filosofía de los espíritus, este punto de vista cambia, la perspectiva se amplía.[21]

El conocimiento del verdadero propósito de la vida es un servicio incalculable para nuestra evolución y mejora; una vez que sabemos hacia dónde queremos llegar, nuestros pasos se hacen más firmes y todos nuestros movimientos se aceleran hacia nuestra meta ideal.

124 |

Por encima de todo, vigila tu corazón, porque de él brota la vida.

(Pr. 4:23)

7.3. LIMPIEZA Y CASTIDAD

Benjamín Franklin, una de las más grandes inteligencias del mundo y un orgulloso pilar del patrimonio nacional de Estados Unidos, comenzó su vida adulta con un objetivo muy ambicioso. Quería alcanzar la perfección moral. La mayoría de las personas piensan, a nivel consciente, solo en su familia, sus amigos y sus trabajos. Cuando se trata de logros, piensan

---

21   *Después de la muerte* por Léon Denis, cap. 42.

en el dinero o en la fama, o incluso en la felicidad. Pero para Franklin, la moralidad era una manera de comportamiento que daría como resultado una vida equilibrada, compuesta de las mejores experiencias humanas posibles.

El propósito de la lista de virtudes de Franklin era separar lo correcto a partir de lo incorrecto, estableciendo límites en torno a las actividades cotidianas para que las personas puedan evitar líneas de razonamiento perjudiciales.

En su autobiografía, Franklin señaló lo difícil que es establecer un código riguroso para un estilo de vida virtuoso; cada vez que identificaba uno de sus defectos, otro se revelaba. De su propia experiencia, Franklin nos dejó una lección importante cuando dijo: «Los hábitos perjudiciales deben romperse, y los buenos deben adquirirse y establecerse para que podamos tener seguridad en una rectitud de conducta constante y uniforme». Su autobiografía demuestra que, con determinación y dedicación, alcanzar la perfección moral está al alcance de cualquiera; solo tenemos que empezar a trabajar en nuestros cambios personales.

| 125

Dos de las trece virtudes presentadas por Benjamín Franklin, la limpieza y la castidad, son recursos importantes en nuestro estudio de la pureza de corazón, pero en términos de alcanzar la perfección moral debemos esforzarnos por alcanzarlas todas.

Analicemos cada una por separado:

Limpieza: no toleres la suciedad en el cuerpo, la ropa o el hogar.

Sabemos que la forma en que nos sentimos como espíritus, se reflejará en el cuidado que tengamos de nuestro cuerpo físico y del entorno que nos rodea. Existe una conexión natural entre el orden de nuestro entorno y el estado de nuestra mente, es decir, el progreso de nuestro espíritu. El desorden nos abrumará y nos estresará. Un ambiente limpio y bien organizado nos levantará el ánimo.

Jesús dijo una vez: «No es lo que entra en la boca lo que contamina al hombre, sino lo que sale de la boca lo que contamina al hombre». «Al contrario, lo que sale de la boca viene del corazón y es lo que contamina al hombre. Porque del corazón salen los malos pensamientos, asesinatos, adulterios, fornicaciones, robos, los falsos testimonios y las blasfemias».

(MATEO 15:11, 18-19)

De estas enseñanzas aprendemos que la verdadera limpieza comienza desde dentro, cuando nos comprometemos a renovar todo rastro de imperfección en nuestro corazón.

Castidad: No usar el sexo excepto para fines de salud o procreación, nunca hasta el punto de languidecer, o por debilidad, o para dañar la paz o la reputación de otro o de uno mismo.

De todas las virtudes, la castidad es probablemente la menos popular en estos días. Pero aquí no nos referimos a la castidad relacionada únicamente con el celibato y las relaciones sexuales. Podemos ampliar nuestra comprensión de esta virtud incluyéndola como un medio de obtener pureza. El diccionario Merriam Webster define la castidad también como: pureza de conducta e intención, e integridad personal.

Es en este sentido que debemos permanecer castos de espíritu para lograr la pureza de corazón...

7.4. LOS TRES PASOS PRINCIPALES DEL PROCESO EVOLUTIVO – ARREPENTIMIENTO, EXPIACIÓN Y

REPARACIÓN.

En el proceso de renovación para lograr la pureza de corazón, es necesario pasar por estas tres etapas: arrepentimiento, expiación y reparación.

La pureza de corazón se refiere a las personas que, como consecuencia de la reparación, se han arrepentido verdaderamente y han reparado sus errores y, por lo tanto, no llevan la vida de manera hipócrita. El verdadero discípulo de Cristo no se limita a mejorar solo en determinadas situaciones, sino que se esfuerza por ser puro en su mente, con diálogos y acciones, en todos los momentos.

¿Cuándo seremos puros de corazón? Cuando identifiquemos las impurezas que aún estén presentes en nuestro corazón, podemos comenzar el proceso de removerlas. Necesitamos mirar profunda y sinceramente para identificar nuestras debilidades y los errores que cometemos debido a ellas. Solo podemos mantener y aumentar la pureza de corazón mediante un examen diligente de nuestro corazón y acciones a la luz de las leyes de Dios.

A medida que aprendemos de las enseñanzas de Jesús, debemos aplicar nuestro nuevo conocimiento para un examen exhaustivo de nuestro corazón para que seamos más capaces de renovarnos. La catarsis generada por nuestro autoanálisis nos conducirá al arrepentimiento, a la aceptación de la expiación, a la actividad reparadora y, en consecuencia, a la renovación.

Allan Kardec en *El cielo y el infierno,* en el capítulo VII de la primera parte, presenta un texto llamado «El código penal de la vida futura».

En el ítem 10 muestra que los procesos de causa y efecto de nuestras acciones se desarrollan en dos entornos:

—espiritual, después de la muerte y

—material, mientras vivimos en la Tierra.

Veamos:

«10° El Espíritu sufre la consecuencia de sus imperfecciones, ya sea en el mundo espiritual o en el corporal. Todas las miserias, todas las vicisitudes que se padecen en la vida corporal tienen origen en nuestras imperfecciones, son expiaciones de faltas cometidas tanto en la presente como en anteriores existencias.

Por la naturaleza de los padecimientos y las vicisitudes de la vida corporal, se puede deducir la naturaleza de las faltas cometidas en una existencia anterior, así como las imperfecciones que las originaron».

Por tanto, debe aplicarse el concepto que a continuación se expone (ítem 16° de El código penal de la vida futura) a nuestra decisión de autorecuperación, veamos:

«El arrepentimiento es el primer paso hacia el mejoramiento; pero no es suficiente, pues aún son necesarias la expiación y la reparación.

Arrepentimiento, expiación y reparación son las tres condiciones necesarias para borrar las huellas de una falta y sus consecuencias. El arrepentimiento atenúa los dolores de la expiación y abre, a través de la esperanza, el camino hacia la rehabilitación. No obstante, solo la reparación puede anular el efecto, al destruir la causa. De lo contrario, el perdón sería una gracia y no una anulación de las faltas cometidas».

PRIMERA CONDICIÓN PARA BORRAR LAS HUELLAS DE UNA FALTA −

ARREPENTIMIENTO

El arrepentimiento está relacionado con la pureza de corazón porque es un estado íntimo y sincero del corazón o de la mente, que ve el error cometido. La palabra «arrepentimiento» en el Nuevo Testamento tiene tres significados:

a)   un cambio de mentalidad (*metanoeo*).

b)   un cambio de corazón (*metamelomai*), ejemplo Mateo 21:29; Hebreos 7:21. Un arrepentimiento así, que es sincero, conduce a persona a una nueva etapa: a la metanoia;

c)   transformación de la propia vida (*metanoia*), ejemplo Mateo 3:8; 9:2; Hechos 20:21. El verdadero arrepentimiento se conoce por su permanencia e integridad.

| 129

Respecto del inciso «a», cambio de mentalidad (*metanoeo*), observemos en Mateo 3:2 y Marcos 1:15:

1)   «Arrepentíos, porque ha llegado el reino de los Cielos».

2)   «El tiempo se ha cumplido, y el reino de Dios está cerca. Arrepentíos y creed en el evangelio».

Existen ejemplos del concepto mencionado en el inciso «b» (cambio desde el corazón -metamelomai):

1)   «28. ¿Qué opinas? Un hombre tenía dos hijos. Dirigiéndose al primero le dijo: – Hijo mío, ve a trabajar hoy en mi viña. 29. Él respondió: –No quiero. Pero enseguida se *arrepintió*, se fue».

2)   20. ¡Y esto no ocurrió sin juramento! Otros se convirtieron en sacerdotes sin juramento alguno, 21. pero se hizo sacerdote con juramento, cuando Dios le

dijo: «El Señor ha jurado y no se arrepentirá: 'Tú eres sacerdote para siempre'».

22. Jesús se convirtió así en la garantía de un pacto superior».

Observemos el pasaje siguiente, en Hechos capítulo 20, versículos 17-21, como una situación en la que el arrepentimiento se sitúa en el sentido de *metanoia* (transformación de la vida):

«(…) 17 De Mileto, Pablo mandó a llamar a los ancianos de la Iglesia de Éfeso.

18 Cuando llegaron, les dijo: Ustedes saben cómo he vivido todo el tiempo que estuve con ustedes, desde el primer día que llegué a la provincia de Asia.

19 Serví al Señor con toda humildad y con lágrimas, siendo probado severamente por las asechanzas de los judíos.

20 Vosotros sabéis que no he rehuido anunciaros nada que fuese útil, sino que todo os he enseñado públicamente y por las casas.

21 Testifiqué tanto a judíos como a griegos, que debían convertirse a Dios mediante el **arrepentimiento** y la fe en nuestro Señor Jesús».

SEGUNDA CONDICIÓN PARA BORRAR LAS HUELLAS DE UNA FALTA – EXPIACIÓN

El proceso del arrepentimiento nos conducirá a la purificación. Pero no puede haber purificación a menos que estemos dispuestos a aceptar la expiación cuando sea inevitable y a corregir los errores que hayamos cometido. Esta representa la segunda etapa de nuestro proceso interior de evolución espiritual. Enfrentar las consecuencias de nuestros errores requiere coraje, como también admitirlos públicamente cuando sea necesario.

La expiación es el efecto de los errores en quienes los cometieron; el contragolpe del mal que practicamos en esta y otras migraciones reencarnatorias. La Expiación está subordinada a la Ley de Justicia, de Justicia Perfecta, a la Justicia Divina.

Siempre que nos encontramos en una condición expiatoria y dolorosa, ya sea que esta situación implique sufrimiento material o moral, detengámonos un momento para reflexionar: este sufrimiento es merecido, no hay injusticia en el orden universal.

Para quienes estudian la ley de la reencarnación, esta verdad brilla y supera las dudas y las vacilaciones.

| 131

TERCERA CONDICIÓN PARA BORRAR LAS HUELLAS DE UNA FALTA – REPARACIÓN

Pero al final, si somos capaces de seguir la inspiración de nuestro corazón y también atender a sus necesidades, llegaremos a la tercera etapa, en la que nos encontraremos totalmente renovados en el proceso de regeneración, que es la reparación que consiste en volver al ambiente del error cometido en el pasado, acercándonos a las personas a las que dañamos con un corazón movido por sentimientos nobles, reparando los males y las consecuencias de nuestros errores, practicando el bien y devolviendo a las víctimas lo que les habíamos quitado, ya sean bienes materiales o bienes espirituales.

Transformación Interior

Es entonces cuando podremos mirarnos sin vergüenza ni remordimiento, porque tendremos perseverancia en seguir el camino de la regeneración, permitiéndonos sentir y decir como el apóstol Pablo: «Yo vivo, pero ya no soy yo quien vivo, pues es Cristo que vive en mí».

(GÁLATAS 2:20)

LECTURA COMPLEMENTARIA

Recomendamos al lector leer el texto que aparece a continuación, subrayando los pasajes que más le han conmovido y que siente la necesidad de ser trabajados.

CARACTERES DEL HOMBRE DE BIEN

918. *¿Mediante qué signos se puede reconocer en un hombre el progreso real que debe elevar a su Espíritu en la jerarquía espírita?*

«El Espíritu prueba su elevación cuando todos los actos de su vida corporal constituyen la práctica de la ley de Dios, y cuando comprende por anticipado la vida espiritual».

El verdadero hombre de bien es el que practica la ley de justicia, amor y caridad en su mayor pureza. Si interroga a su conciencia acerca de las acciones que llevó a cabo, se preguntará si no ha violado esa ley; si no hizo mal; si ha hecho todo el bien que pudo; si nadie tuvo que quejarse de él; en fin, si ha hecho a su prójimo todo lo que habría querido que se hiciera por él.

El hombre compenetrado del sentimiento de caridad y de amor al prójimo hace el bien por el bien mismo, sin esperar recompensa, y sacrifica su interés a favor de la justicia.

Es bueno, compasivo y benévolo para con todos, porque en cada hombre ve un hermano, sin distinción de razas ni de creencias.

Si Dios le ha dado poder y riqueza, los considera como UN DEPÓSITO que debe emplear para el bien. No se envanece por ellos, porque sabe que Dios, que se los ha concedido, puede quitárselos.

Si el orden social ha colocado hombres bajo su dependencia, los trata con bondad y benevolencia, porque son sus iguales ante Dios. Emplea su autoridad para levantarles la moral y no para abrumarlos con su orgullo.

Es indulgente para con las debilidades ajenas, porque sabe que él mismo necesita indulgencia, y recuerda esta frase de Cristo: El que esté sin pecado, que le arroje la primera piedra.

No es vengativo. A ejemplo de Jesús, perdona las ofensas y solo se acuerda de los beneficios, pues sabe que será perdonado del mismo modo que él haya perdonado. | 133

Por último, respeta en sus semejantes todos los derechos que las leyes de la naturaleza les confieren, así como querría que esos derechos fuesen respetados para con él. (L.E. Libro Tercero, cap. XII –Perfección moral)

8
PACIFICADORES
RESOLUCIÓN

OBJETIVO: Analizar la importancia de ser pacificador según las Bienaventuranzas enseñadas por Jesús en el Sermón de la Montaña y correlacionar esta enseñanza con una de las trece virtudes de Benjamín Franklin: La *Resolución*. Resolver hacer lo que debe hacerse; ejecuta sin falta lo que has decidido.

8.1. PAZ Y PACIFICADORES

En nuestro lenguaje común, la palabra «paz» es frecuentemente asociada con el significado de palabras como serenidad, quietud y tranquilidad. También entendemos que esta palabra significa una ausencia de conflicto, problemas, disensiones y guerras. Podemos pensar también en la paz como ese estado en el que las personas se entienden razonablemente. Sin embargo, a pesar de que estos significados serían apropiados para su uso en la era moderna, no se acercan al significado bíblico de la palabra «paz». Para entender verdaderamente la Bienaventuranza «Bienaventurados los pacificadores...» desde la perspectiva bíblica, es necesario observar el significado de la palabra «Shalom».

Transformación Interior

En hebreo, «paz» no es simplemente un estado negativo que significa solo la ausencia de problemas, sino que significa todo lo que contribuye a la elevación de la persona. Por ejemplo, cuando un individuo le dice a otro: «Shalom», no desea solo la ausencia de cosas malas, sino que desea al otro la presencia de todas las cosas buenas. También en la Biblia la paz no solo significa liberación de todos los problemas, sino también alegría en todo lo que es bueno.

Durante los servicios religiosos, el intercambio mutuo del deseo de «paz» significa que estamos dando y recibiendo una bendición y una oración, para que tanto ellos como nosotros podamos tener todo lo que es bueno y mejor. ¡Que todos podamos compartir el «Shalom» de Dios, la paz!

Esta caracterización comienza a darnos alguna percepción al respecto de por qué la paz, como todas las demás características expresadas en las Bienaventuranzas, es un patrón tan alto y difícil de alcanzar. La paz es un término mucho más amplio de lo que parece a primera vista. Porque significa «todo lo que contribuye a la elevación de la persona», es un término aún más específico para el amor, y amar, en cualquier circunstancia, no es fácil.

8.2 BIENAVENTURADOS LOS PACIFICADORES, PORQUE ELLOS SERÁN LLAMADOS HIJOS DE DIOS. (MATEO 5:9)

Cuando Jesús proclamó: «Bienaventurados los pacificadores», estaba afirmando que aquellos que viven sus vidas haciendo intencionalmente lo que pueden para promover y hacer el mayor bien para los demás, incluidos los individuos, las familias, las naciones e incluso el mundo, pueden ser llamados con razón «hijos de Dios». Se refieren a individuos que tienen las cualidades de Dios. Jesús dijo que un pacificador es llamado «hijo de Dios» por la sencilla razón de que la paz es un aspecto fundamental de la naturaleza de Dios, y por lo tanto, se deduce que los pacificadores están haciendo las cosas que reflejan la naturaleza de Dios.

El concepto de paz de Jesús gira en torno a la idea de estar en paz, primero con Dios y luego con nuestros hermanos y hermanas. El apóstol Pablo escribió en Romanos 12:18 que, «Si es en la medida de lo posible, estad en paz con todos los hombres». Lo sabemos muy bien, considerando la naturaleza volátil de la personalidad humana, ya que a veces es difícil lograr este objetivo.

No es de extrañar, entonces, que tantos estuvieran decepcionados con las enseñanzas de Jesús. Su mensaje, «Bienaventurados los pacificadores», debió haber sonado extraño a las personas reunidas para escucharlo. Los que escuchaban a Jesús ese día eran judíos que querían liberarse del dominio de Roma. Muchos de ellos querían ver a Roma derrotada y expulsada de su país. La mayoría creía que la única manera de traer la paz a Israel era a través de la hostilidad.

¿Pero realmente creemos que Jesús desconocía las injusticias sociales y políticas de su tiempo? ¿Pudo haber sido tan ciego? Por ejemplo, ¿quién no habría notado la opresión del Imperio Romano a los judíos? Cuando los fariseos desafiaron a Jesús con una pregunta sobre la justicia de los impuestos para Tiberio César, Él convirtió eso en un precepto dirigido al corazón de cada uno de nosotros: «Dad, pues, al César lo que es del César, y a Dios lo que es de Dios». (Mateo 22:15-21) Jesús siempre nos llamó a la paz.

Sin embargo, la triste realidad es que nuestra sociedad todavía está llena de conflictos y violencia de todo tipo. Pero esto no es un hecho reciente, pues siempre ha sido así. En

Transformación Interior

1968, un importante periódico informó que hubo 14.553 guerras desde el año 39 a. C. hasta la actualidad. Desde 1945, ha habido más de 70 guerras y más de 200 brotes importantes de violencia. Desde 1958 hasta el presente, más de 100 naciones han estado involucradas, de una forma u otra, en conflictos armados de algún tipo. Numerosos países están luchando por problemas políticos y económicos.

Ciertos grupos raciales y étnicos tienen prejuicios contra otros. En resumen, gran parte del mundo parece residir en una olla hirviendo a punto de derramar su contenido por los lados y provocar un incendio. Siempre ha habido conflictos. Muchos creen que siempre habrá. Un escritor llamado Frederick Jezegou una vez escribió: «La paz es ese breve y glorioso momento de la historia cuando todos están recargando sus armas».[22]

En la historia registrada de los últimos cuatro mil años, solo unos 300 de ellos han transcurrido sin una gran guerra. La paz, a pesar de ser lo más deseado por todos, es también el objetivo más difícil de alcanzar; esto se debe probablemente a que el acto de hacer la paz es, en sí mismo, una de las actividades menos naturales a las que se ha dedicado la raza humana.

Si todo el mundo anhela la paz, ¿cuál es la razón de tanta discordia, tanta tensión, amargura, conflicto, violencia, derramamiento de sangre y guerra en nuestras naciones y en todo el mundo? ¿Por qué la paz es una de las palabras más significativas de nuestro vocabulario y, sin embargo, una de las más esquivas de la experiencia humana? La respuesta es esta: –el corazón humano; ¡el corazón humano es el corazón del problema!

---

22   http://www.bereanbiblechurch.org

En 1948, Albert Einstein señaló en una conferencia sobre la amenaza de una guerra nuclear: «No se trata de un problema físico, sino de una cuestión ética. Lo que nos aterroriza no es el poder de la bomba atómica, sino el poder de la maldad del corazón humano –¡su poder explosivo para el mal!».

El hecho es que luchamos constantemente contra las turbulencias que nos rodean y, al mismo tiempo, tenemos nuestros propios conflictos que resolver, pero la enseñanza de Jesús: «Bienaventurados los pacificadores, porque serán llamados hijos de Dios», se convierte en una gran motivación para que seamos decididos y trabajemos en nuestra transformación moral. San Agustín dijo una vez que solo siguiendo las enseñanzas que Jesús nos dio en el Sermón de la Montaña encontraríamos la felicidad.

Nunca ha habido una buena guerra ni una mala paz.

Benjamín Franklin

8.3 RESOLUCIÓN

Una de las trece virtudes presentadas por Benjamín Franklin, la resolución, se convierte en un recurso fundamental en nuestra búsqueda por encontrar la paz y convertirnos en pacificadores. Ella dice: Resuelve hacer lo que debe hacerse; ejecuta sin falta lo que has decidido.

La pacificación es más compleja de lo que parece a primera vista porque está estrechamente vinculada con la manera en que vivimos nuestras vidas; exigirá constantemente determinación, vigilancia y autocontrol. Este proceso de pacificación produce tanto una paz pasiva como una activa: pasivamente, porque no somos causa de ruptura, de desacuerdo; y activamente, porque a través de nuestras buenas resoluciones creamos paz al llamar a otros a seguir nuestro ejemplo cuando buscan la tranquilidad y el placer que perciben que logramos como resultado.

Aunque la naturaleza humana es propensa a la violación de la paz «Por qué han de venir los escándalos» (Mateo 18:7), es nuestro deber resolver y garantizar que nuestra conducta no sea motivo de queja contra nosotros. En primer lugar, debemos hacerlo por nuestra propia paz, porque es imposible ser feliz y estar envuelto en discusiones y guerras al mismo tiempo. Las discusiones producen desunión. Por tanto, es urgente que nos guardemos con diligencia de la intolerancia, el fanatismo, el juicio, la impaciencia y el espíritu conflictivo.

La paz solo puede alcanzarse cuando las partes implicadas resuelven los problemas y se convierten en amigos. Los conflictos no pueden resolverse a menos que las cuestiones fundamentales se traten abierta y honestamente. Por ejemplo, cuando dos personas están en guerra, no hay que separarlas para impedir que se vean. Al contrario, hay que resolver la causa de sus conflictos para que puedan unirse por amor.

Resuelve hacer lo que tienes que hacer; lleva a cabo lo que has decidido sin falta.

Los individuos pueden buscar la paz por todo el mundo, yendo de consejero en consejero, reuniéndose en conferencias, escribiendo tratados, cambiando de una religión a otra, pero nunca la encontrarán fuera de las Leyes Divinas que gobiernan a la humanidad. El mundo muy raramente honra a un pacificador que ayuda a evitar una guerra. La sociedad actual considera héroes a quienes encabezan manifestaciones públicas, promoviendo sus derechos y causando controversia.

Estamos constantemente motivados para conseguir todo lo que podamos para nosotros y no ceder nada a los demás. Este tipo de pensamiento provoca conflictos. No es de extrañar que el mundo luche contra la paz y olvide la preciosa enseñanza: Bienaventurados los pacificadores, porque ellos serán llamados hijos de Dios.

Pero a pesar de todo, un verdadero pacificador utiliza su buena resolución para convertirse en una fuerza de cambio positivo.

Como dijo Mahatma Gandhi una vez:

«Debemos convertirnos en el cambio que queremos ver en el mundo».

8.4 VIOLAR LA PAZ, FINGIR LA PAZ Y HACER LA PAZ

Hay tres tipos de personas:

1. Los que violan la paz
2. Los que fingen estar en paz
3. Los que hacen la paz

1. LOS QUE VIOLAN LA PAZ

Los que violan la paz son personas que hacen todo lo posible por romper las relaciones, causando problemas y división. Son aquellos que disfrutan deliberadamente enfrentándose a los demás, que tienen que estar en desacuerdo con todo. Pero su motivación es egoísta; son manipuladores y egocéntricos. Puede ser así sin darse cuenta. Violan la paz sin percibir lo que hacen, se sienten justificados en sí mismos.

2. LOS QUE FINGEN LA PAZ

Transformación Interior

Cuando nos referimos a esta Bienaventuranza, bienaventurados los pacificadores... un problema común que ocurre es que no la entendemos. Creemos que hacer la paz consiste en hacer que las cosas se vean bien, cubrir las grietas, esconder el óxido y la podredumbre, pretender que todo se vea bien cuando no lo está. Esto es lo que llamamos «fingir la paz». Las personas que fingen la paz son aquellas que prefieren la «paz» a la verdad. Ven la «paz» simplemente como la ausencia de cualquier tipo de discusión o discordia. Harán cualquier cosa para evitar cualquier conflicto o confrontación.

Así, se conforman con una falsa paz que se basa en evitar los problemas reales.

Por ejemplo, puedes tener un buen amigo que está pasando por un mal camino en la vida, y quieres ayudarlo para hacer que piense mejor, pero cada vez que sacas el tema terminas causando un desacuerdo y entonces decides que prefieres estar «en paz» con este amigo. Así que después de un tiempo lo dejaste ir. Evitas el tema y empiezas a hablar exclusivamente de temas en los que ambos estáis de acuerdo. Pero cuando hacemos esto, podemos ver cómo la vida de nuestro amigo se va al garete. Así que, en lugar de dar marcha atrás y decir: «Lo siento, no volveré a hablar de esto», deberíamos decir: «No me importa si te enojas conmigo. Voy a seguir adelante contigo porque me preocupa tu futuro, mi amigo».

3. LOS QUE HACEN LA PAZ

Los pacificadores están dispuestos a poner el bienestar de los demás por encima de sus propias necesidades. Se enfrentan a problemas reales y no los evitan. Y por causa de eso, la pacificación debe hacerse con toda la sabiduría y gracia que solo un corazón honesto puede ofrecer, ya sea en casa, en el templo religioso, en los negocios o incluso en el club de fútbol.

Conseguir la paz no es fácil, pero esa es una razón más para no renunciar a ella.

Los pacificadores construyen puentes entre las personas.

Los pacificadores están motivados por el amor, el verdadero amor. Si hay cualquier otra motivación detrás de lo que estás haciendo, entonces no estás actuando como un pacificador.

Una manera de ayudarnos a dedicarnos más a la construcción de la paz sería recordar, reflexionar y aplicar en nuestras vidas la oración de San Francisco de Asís:

«¡Señor! ¡Haz de mí un instrumento de tu paz!

Donde haya odio, que yo lleve el amor.

Donde haya ofensa, que yo lleve el perdón.

Donde haya discordia, que yo lleve la unión.

Donde haya duda, que yo lleve la fe.

Donde haya error, que yo lleve la verdad.

Donde haya desesperación, que yo lleve la esperanza.

Donde haya tristeza, que yo lleve alegría.

Donde haya oscuridad, que yo lleve la luz.

¡Oh Maestro! Haz que me esfuerce más por consolar, que por ser consolado.

Comprender, que ser comprendido.

Amar, que ser amado.

Porque es dando que se recibe.

Transformación Interior

Es perdonando que se es perdonado.

Y es muriendo que se vive para la Vida Eterna».

5. «No penséis que he venido a traer paz a la Tierra. No he venido a traer paz, sino espada». (Mateo 10:34).

He venido a arrojar fuego sobre la tierra, y deseo sino que se encienda.

¡Yo debo ser bautizado con un bautismo, ¡y cómo me angustia hasta que se cumpla!

¿Creéis que he venido a traer la paz a la tierra? No, os lo aseguro, sino al contrario, la división;

Porque de ahora en adelante estarán cinco en una casa divididos, tres contra dos y dos contra tres. El padre estará dividido contra el hijo, y el hijo contra el padre; la madre contra la hija, y la hija contra la madre; la suegra contra su nuera, y la nuera contra su suegra. (Lucas 12:49-53).

Cuando Jesús dijo: «No penséis que he venido a traer paz, sino la división», su pensamiento fue el siguiente:

No creáis que mi doctrina se establecerá pacíficamente. Habrá de traer luchas sangrientas, cuyo pretexto será mi nombre, porque los hombres no me habrán comprendido o no habrán querido comprenderme. Los hermanos, separados por sus respectivas creencias, desenvainarán la espada uno contra otro, y la división reinará en el seno de una familia cuyos miembros no compartan la misma fe. He venido a arrojar fuego a la Tierra para limpiarla de los errores y de los prejuicios, del mismo modo que se prende fuego a un campo para destruir las malas hierbas que han prosperado en él, y tengo urgencia en que ese fuego arda para que la depuración sea más rápida, puesto que de este conflicto saldrá triunfante la verdad. A la guerra la sucederá la paz; al odio de los partidos, la fraternidad universal; a las tinieblas del fanatismo, la luz de la fe esclarecida.

Entonces, cuando el campo esté preparado, os enviaré el Consolador, el Espíritu de Verdad, que vendrá a restablecer todas las cosas, es decir, que como dará a conocer el verdadero sentido de mis palabras, que los hombres más esclarecidos podrán finalmente comprender, pondrá término a la lucha fratricida que divide a los hijos del mismo Dios. Cansados, finalmente, de un combate sin consecuencias, que sólo deja a su paso la desolación, y que no lleva más que perturbación al seno de las familias, los hombres reconocerán dónde están sus verdaderos intereses, tanto en lo relativo a este mundo como al otro. Verán de qué lado están los amigos y los enemigos de su tranquilidad. Entonces todos se cobijarán bajo una misma bandera: la bandera de la caridad, y las cosas se restablecerán en la Tierra de acuerdo con la verdad y con los principios que os he enseñado.[23]

| 145

Necesitamos amar la paz y trabajar por ella. Necesitamos orar por nuestros enemigos, hacerles el bien, aceptarlos, abrazarlos y superar las barreras que nos separan, pero nunca debemos abandonar nuestra lealtad a la verdad, no importa la animosidad que pueda traernos.

Lo que hay de esencial del Sermón de la Montaña y está claro, es que todo individuo capaz de comprender las enseñanzas de Jesús debe convertirse en una nueva persona para lograr la evolución espiritual. Necesita tener un corazón nuevo. Porque sin un corazón misericordioso, puro y pacífico no se puede llamar hijo de Dios.

Cuando me desespero, recuerdo que a lo largo de la historia el camino de la verdad y del amor siempre venció; ha habido tira-

---

23   *ESE*, cap. XXIII, ítem 16 (N. del T, hemos utilizado la traducción en Español del CEI)

Transformación Interior

nos y asesinos, y durante un tiempo parecen ser invencibles, pero al final siempre caen.

Gandhi

LECTURA COMPLEMENTARIA

Recomendamos al lector leer el texto que aparece a continuación, subrayando los pasajes que más le han conmovido y que siente la necesidad de ser trabajados.

PACIFICACIÓN

«Bienaventurados los pacificadores, porque serán llamados hijos de Dios». Jesús (Mateo, 5:9.)

Pero ¿qué quiere decir Jesús con estas palabras: «Bienaventurados los mansos, porque ellos poseerán la Tierra», habiendo dicho a los hombres que renunciaran a los bienes de este mundo y prometiéndoles los del cielo? (ESE, cap. IX, Ítem 5)

Escuchaste preguntas condenatorias, en torno al amigo ausente.

… informaste algo, con discreción y bondad, destacando la parte buena que lo distingue, y, sin colocar el asunto en el plato de la intriga, edificaste en silencio la armonía posible.

Sorprendiste pequeños deberes a cumplir, en la esfera de las obligaciones que no te competen.

… sin ningún impulso de reprimenda, atendiste a semejantes tareas, por ti mismo, con la certeza de que todos tenemos distracciones lamentables.

Anotaste la falta del compañero.

... y olvidaste toda preocupación de censura, esforzándote substituirlo en el servicio, sin alardear, superioridad.

Señalaste el error del vecino.

... y huyes de divulgar su infelicidad y te dispusiste a ayudarlo en el momento preciso, sin exhibición de virtud.

Recibiste quejas amargas que te hirieron injustamente.

... y sabes escucharlas con paciencia, absteniéndote de impeler a los hermanos del camino a las intrigas de la sombra, trabajando sinceramente por deshacerlas.

Te calumniaron abiertamente, incendiándote la vida.

... y toleras serenamente todos los golpes, sin animosidad o respuesta y, respondiendo con más amplia abnegación, en el ejercicio de las buenas obras, disipas los conceptos infelices de tus detractores.

| 147

Descubriste la existencia de compañeros iludidos u obsesados que se hacen motivos de perturbación o de escándalo, en la plantación del bien o en la siembra de la luz. De cierto, no les aplaudes la inconsciencia, pero no les agravas el desequilibrio, a través del sarcasmo, y oras por ellos, amparándoles el reajuste, por el pensamiento renovador.

Si así procedes, te clasificaste, en verdad, entre los pacificadores bendecidos por el Divino Maestro, comprendiendo, al final, que la criatura humana, aisladamente, no consigue garantizar la paz en el mundo, no obstante, cada uno de nosotros puede y debe mantener la paz dentro de sí.

Emmanuel

Transformación Interior

(Mensaje recibido por el médium Francisco Cândido
Xavier – de *Libro de la esperanza*, cap. 21)

9
BIENAVENTURADOS LOS QUE PADECEN PERSECUCIÓN JUSTICIA

OBJETIVO: Analizar la importancia de ser un seguidor sincero de la verdad y la justicia según las Bienaventuranzas enseñadas por Jesús en el Sermón de la Montaña y correlacionar esta enseñanza con una de las trece virtudes de Benjamín Franklin: Justicia. No hagas nada malo ni omitas hacer los beneficios que son tu deber.

9.1 BIENAVENTURADOS SERÉIS CUANDO OS INJURIEN (MATEO 5:11)

«Bienaventurados seréis cuando os injurien y os persigan, y cuando, por mi causa, os acusen en falso de toda clase de males. Alegraos y regocijaos, porque vuestra recompensa será grande en los cielos; pues de la misma manera persiguieron a los profetas anteriores a vosotros».

Definición de persecución: En Mateo 5:10, la raíz griega de la frase «que han sido perseguidos» es *dediōgmenoi*, que literalmente significa «hacer huir o perseguir». La palabra «perseguir» significa ir en busca con intenciones hostiles;

Transformación Interior

por lo tanto, ser perseguido es ser ridiculizado, denunciado, maltratado, amenazado de muerte o agredido. En el Nuevo Testamento se utiliza en el sentido de infligir dolor y sufrimiento a personas que tienen creencias diferentes.

En el mundo actual, los sentimientos nobles a menudo no se expresan plenamente; esto se debe a que las personas temen ser malinterpretadas o juzgadas erróneamente, en relación con los valores sociales predominantes. Un sentimiento noble puede ser percibido como un signo de debilidad más que de fortaleza. Incluso puede ser visto con desdén, y a veces incluso puede interpretarse como un trastorno mental o de personalidad.

Esta es la razón por la cual aquellos que intentan llevar una vida noble y justa siempre enfrentan duras críticas y persecución. Si siguen creencias que les enseñan a vivir una vida moral, las personas se burlarán de ellos, se reirán de ellos e incluso los perseguirán. Las personas se sentirán irritadas por ellos simplemente porque son diferentes y encontrarán irritante su adhesión a los principios morales. Esas personas que no comparten su celo moral no entenderán las razones detrás de las acciones que realizan y todo lo que hacen les parecerá inútil e incluso tonto. Habrá momentos en que las personas se enojarán con ellos sin ninguna razón. Los odiarán por causa de su amor y respeto a Dios. Los seguidores de la verdad rara vez podrán agradar a las personas de la Tierra. Sin embargo, es imperativo tener el coraje para romper con los valores dominantes de la sociedad que promueven el pesimismo, la malicia y la agresión entre los seres humanos.

Para meditar sobre cómo debemos comportarnos ante los insultos, la persecución y la calumnia, acudamos a una enseñanza de Jesús: «Habéis oído que se dijo: Ojo por ojo, y diente por diente. Pero yo os digo: no resistáis al mal; pero a cualquiera que te hiera en la mejilla derecha, ofrécele también la otra». (Mateo 5:38-42)

Los prejuicios del mundo sobre lo que convencionalmente se llama «punto de honor» producen esta oscura susceptibilidad, nacida del orgullo y la exaltación de la personalidad, que lleva al hombre a devolver injuria por injuria, ofensa por ofensa, lo que es considerado justicia por aquel cuyo sentido moral no está por encima del nivel de las pasiones terrenales. Por eso la ley mosaica prescribía: ojo por ojo, diente por diente, en armonía con la época en que vivió Moisés. Cristo vino y dijo: Retribuid el mal con bien. Y dice aun: «No resistan al mal que os quieran hacer; si alguien los golpea en una mejilla, preséntenle la otra». (ESE, cap. XII, ítem 8)

Muchas veces podemos sentirnos obligados a responder a las ofensas con venganza, pero la venganza es una indicación segura del atraso de quienes se entregan a ella. Así que debemos erradicar este sentimiento de nuestros corazones.

Cuando su odio no llega a tales extremos, entonces ataca su honor y sus afectos; no retrocede ante las calumnias, y sus pérfidas insinuaciones, hábilmente difundidas a todos los vientos, se hacen más grandes a lo largo del camino.

En consecuencia, cuando el perseguido aparece en los lugares por donde ha pasado el aliento del perseguidor, se sorprende al encontrar rostros fríos, en lugar de las fisonomías amigables y benévolas que una vez le dieron la bienvenida. Se sorprende cuando las manos que antes se le extendían ahora se niegan a estrechar la suya. Finalmente, se siente aniquilado cuando ve que sus amigos y familiares más queridos se distancian de él y lo evitan. (Jules Olivier - París, 1862). (ESE, cap. XII, ítem 9)

Cuando alguien es agresivo y grosero con nosotros, haciendo declaraciones sobre nuestro carácter y fe, nuestra primera reacción puede ser entrar en confrontación, ponernos a la defensiva y responder a las acusaciones. Pero si nos detenemos un minuto, podríamos llegar a la conclusión de que muchas veces las personas realizan estos ataques personales porque, de alguna manera, se sienten extremadamente heridas y expresan su dolor atacándonos. Aprendamos a ser pacientes con ellos, permitiéndoles desahogarse y apoyarlos en su dolor. Esta es otra forma de practicar la caridad.

Podemos encontrar una preciosa enseñanza, completamente de acuerdo con las enseñanzas de Jesús, sobre el arte de interactuar con otras personas: «Me siento triste cuando alguien me ofende, pero sin duda me sentiría peor si yo fuera el agresor. Es terrible ofender a alguien».

A los orgullosos, esta enseñanza («si alguien te golpea en una mejilla, preséntale la otra») les parecerá una cobardía, porque no comprenden que hay más valor en soportar un insulto que en vengarse, y no lo comprenden porque su visión no puede ir más allá del presente.

«Si alguien te golpea en una mejilla, preséntale la otra». (...) Al enunciar esta máxima, Jesús no pretendía prohibir toda defensa, sino condenar la venganza. Al decir que hay que poner la otra mejilla al que nos ha golpeado, estaba diciendo, de otro modo, que no hay que devolver el mal con el mal; que el hombre debe aceptar con humildad todo lo que pueda abatir su orgullo; que mayor gloria da el ser ofendido que el ofender, el soportar pacientemente una injusticia que el cometerla; que es mejor ser engañado que engañar, ser arruinado que arruinar a los demás.

[...] Solamente la fe en la vida futura y en la justicia de Dios, que jamás deja impune el mal, puede dar al hombre la fuerza para soportar con paciencia los golpes asestados a sus intereses y amor propio. De ahí viene lo que repetimos incesantemente: Mirad hacia adelante; cuanto más elevéis vuestros pensamientos

por encima de la vida material, menos os dolerán las cosas de la Tierra». (ESE, cap. XII, ítem 8)

Recordemos el precepto: «Amaos los unos a los otros», y cuando recibamos un golpe asestado con odio, respondamos con una sonrisa, devolviendo la ofensa con el perdón.

«Cuando alguien te ponga irritable, coge un vaso de agua, bebe un poco y conserva el resto en la boca. No lo tragues ni lo escupas. Mientras persista la tentación de responder, mantén el agua en la boca... esta es el agua de la Paz».

(CONSEJO DADO POR EL ESPÍRITU MARÍA JOÃO DE DEUS A SU HIJO FRANCISCO CÂNDIDO XAVIER).

9.2 ESCRITOS DE BENJAMÍN FRANKLIN: LA PARÁBOLA CONTRA LA PERSECUCIÓN.[24]

Entre las muchas cosas que Benjamín Franklin realizó durante su vida, hay una que muchas personas no saben: escribió una parábola para ilustrar una bella moraleja, utilizando una notable imitación del lenguaje bíblico.

Después de estas cosas, Abraham se sentó a la puerta de su tienda aproximadamente hacia la puesta del sol. Y he aquí que un hombre muy anciano venía del camino del desierto, apoyado en un bastón.

Abraham se levantó, fue a su encuentro y le dijo: Ven aquí, te lo ruego, lávate los pies, pasa aquí la noche y mañana, cuando madrugues, sigue tu camino. Y el hombre le dijo: No, permaneceré bajo este árbol.

---

24   Esta parábola fue impresa en el Boston Chronicle en 1768, y seis años más tarde en Sketches of the History of Man, de Lord Kame. Luego se incluyó en la edición que hizo el Sr. Vaughan de los escritos de Franklin. De vez en cuando se vuelve a imprimir.

Transformación Interior

Pero Abraham insistió, así que se dio la vuelta y entraron en la tienda, Abraham coció pan sin levadura y comieron.

Cuando Abraham vio que aquel hombre no alababa a Dios, le dijo: ¿No adoras tú al Dios Altísimo, Creador del cielo y de la Tierra?

Y el hombre respondió: Yo no adoro al Dios del que hablas ni invoco su nombre, porque me he hecho un Dios, que permanece siempre en mi casa, que me da todas las cosas.

Abraham se enfadó celosamente con aquel hombre y se levantó, cayendo sobre él y sacándolo al desierto. A medianoche Dios llamó a Abraham, diciendo: Abraham, ¿dónde está el forastero? Respondió Abraham y dijo: Señor, no quiso adorarte ni invocar tu nombre, así que lo expulsé de mi vista al desierto.

Entonces Dios dijo: ¿No lo he sostenido yo estos ciento noventa y ocho años, y lo he alimentado y vestido a pesar de su rebelión contra mí? ¿No podrías tú, que eres un pecador, pasar una noche con él?

Abraham respondió: No dejes que la cólera de mi Señor arroje cera caliente sobre su siervo. He aquí que he pecado; te ruego que me perdones.

Abraham se levantó y salió al desierto, buscó diligentemente al hombre, lo encontró, volvió con él a su tienda y lo trató amablemente, despidiéndose al día siguiente con regalos.

Entonces Dios habló de nuevo a Abraham, diciendo: A causa de tu pecado tu descendencia será afligida durante cuatrocientos años en tierra extraña.

Pero por tu arrepentimiento los liberaré, vendrán con poder, con alegría de corazón y con mucha sustancia.

9.3 JUSTICA[25]

Justicia. No hagas nada malo, ni dejes de hacer los beneficios que son tu deber. Este precepto forma parte del conjunto de trece virtudes de Benjamín Franklin y nos invita a abstenernos de ser causa de daño a los demás.

Encontramos, en *El libro de los espíritus*, Parte 3, capítulo XI, preguntas propuestas por Allan Kardec a los Espíritus, cuyas respuestas nos iluminan sobre la ley de la justicia.

873. *El sentimiento de justicia, ¿es natural o constituye el resultado de ideas adquiridas?*

«Es tan natural que os rebeláis ante la simple idea de una injusticia. Sin duda el progreso moral desarrolla ese sentimiento, pero no lo crea: Dios lo puso en el corazón del hombre. (…)»

874. *Si la justicia es una ley de la naturaleza, ¿cómo se explica que los hombres la entiendan de una manera tan diferente, y que uno considere justo lo que a otro le parece injusto?*

«Se debe a que con ese sentimiento suelen mezclarse pasiones que lo alteran, como ocurre con la mayor parte de los sentimientos naturales, y hacen que los hombres vean las cosas desde un falso punto de vista».

875. *¿Cómo se puede definir la justicia?*

«La justicia consiste en el respeto a los derechos de cada uno».

875a. – *¿Qué determina esos derechos?*

---

25   Las preguntas y respuestas de *El libro de los espíritus*, la hemos tomado de la versión del CEI (N.T. del traductor)

Transformación Interior

«Dos cosas: la ley humana y la ley natural. Dado que los hombres dictan leyes adecuadas a sus costumbres y a su carácter, esas leyes establecen derechos que han variado con el progreso de las luces. Reflexionad acerca de si vuestras leyes de hoy, aunque imperfectas, consagran los mismos derechos que las de la Edad Media. Esos derechos anticuados, que os resultan monstruosos, parecían justos y naturales en esa época. Así pues, el derecho que los hombres establecen no siempre es conforme a la justicia. Por otra parte, solo regula ciertas relaciones sociales, mientras que en la vida privada hay una infinidad de actos que competen exclusivamente al tribunal de la conciencia».

876. *Fuera del derecho consagrado por la ley humana, ¿en qué se basa la justicia conforme a la ley natural?*

«Cristo os ha dicho: Quered para los otros lo que quisierais para vosotros mismos. Dios ha puesto en el corazón del hombre la regla de la verdadera justicia, porque cada uno desea ver respetados sus derechos. En la incertidumbre de lo que debe hacer con respecto al prójimo en una circunstancia determinada, pregúntese el hombre cómo querría que se procediese con él en una circunstancia similar. Dios no podría darle una guía más segura que su propia conciencia».

879. *¿Cuál sería el carácter del hombre que practicara la justicia en toda su pureza?*

«El del verdadero justo, a ejemplo de Jesús. Porque practicaría también el amor al prójimo y la caridad, sin los cuales no hay verdadera justicia».

El que no tiene razón para criticarme no merece ninguna respuesta, y el que lo hace está diciendo la verdad y nosotros somos impotentes para ir contra la verdad. Esto es lo que Emmanuel me ha estado enseñando. Por esta razón, a lo largo de toda mi vida he tratado de escuchar en silencio las verdades y mentiras que se han dicho sobre mí.

Francisco Cândido Xavier

LECTURA COMPLEMENTARIA

Recomendamos al lector leer el texto que aparece a continuación, subrayando los pasajes que más le han conmovido y que siente la necesidad de ser trabajados.

CURA DEL ODIO[26]

«Así que, si tu enemigo tiene hambre, dale de comer; si tiene sed, dale de beber; pues haciendo esto, amontonarás ascuas de fuego sobre su cabeza». —Pablo. (Romanos, 12:20.) | 157

En general, cuando el hombre se decide por el servicio en el bien, encuentra filas de adversarios gratuitos por donde quiera que pase, tal como le sucede a la claridad que invariablemente es asediada por el antagonismo de las sombras.

Pero a veces, ya sea por los errores del pasado o por las incomprensiones del presente, se depara con enemigos más fuertes que se transforman en una constante amenaza para su tranquilidad. Contar con un enemigo de esa índole equivale a padecer una dolorosa enfermedad interior, cuando la criatura humana aún no se ha amoldado a las experiencias vivas del Evangelio.

---

26   Hemos tomado la traducción del CEI realizada por Enrique Eliseo Baldovino. (N.T. del traductor)

Transformación Interior

El aprendiz de buena voluntad casi siempre desarrolla al máximo sus propias fuerzas a favor de la reconciliación, sin embargo, hasta el más amplio esfuerzo parece en vano. La impenetrabilidad caracteriza al corazón del otro y los mejores gestos de amor pasan desapercibidos por él.

Sin embargo, para esa situación, el Libro Divino ofrece una receta saludable. No es conveniente agravar las desavenencias, ni desarrollar discusiones y mucho menos que la criatura bienintencionada se deshaga en gestos aduladores. Debe esperar la oportunidad para poner de manifiesto el bien.

A partir del instante en que el ofendido olvida la disensión y regresa al amor, el servicio de Jesús queda restablecido; mientras tanto, la visión del ofensor es más lenta y, en muchas ocasiones, sólo comprende la nueva luz cuando ésta se convierte en una ventaja para él y para su círculo personal.

Un discípulo sincero de Cristo se libera fácilmente de los lazos inferiores, pero el antagonista del ayer puede persistir mucho tiempo en el endurecimiento del corazón. He aquí el motivo por el cual brindarle todo el bien posible en el momento oportuno es como amontonar el fuego renovador sobre su cabeza y curar su odio, cargado de expresiones infernales.

(EMMANUEL/FRANCISCO C. XAVIER *–PAN NUESTRO*, CAP. 166)

EL PROBLEMA DE AGRADAR[27]

«Si estuviese aun agradando a los hombres, no sería siervo de Cristo». —Pablo. (Gálatas, 1:10.)

---

27   Hemos tomado la traducción del CEI realizada por Enrique Eliseo Baldovino. (N.T. del traductor)

Los discípulos sinceros del Evangelio deben preocuparse mucho con sus propios deberes y con la aprobación aislada y tranquila de la conciencia, en los trabajos que fueron llamados a ejecutar cada día, aprendiendo a prescindir de las opiniones desatinadas del mundo.

La multitud sólo tendrá cariño y admiración por aquellos que le satisfacen las exigencias y caprichos; en los conflictos que aparecen en su marcha, el fiel aprendiz de Jesús será un trabajador diferente, al cual esa multitud, en sus impulsos instintivos, no podrá comprender.

El mensajero de la Buena Nueva que manifieste inquietud con los pareceres del mundo a su respecto; revelará mucha inexperiencia y falta de vigilancia; cuando se encuentre en la prosperidad material, en que el Maestro le confía una administración más amplia, muchos vecinos le preguntarán, maliciosamente sobre la causa de los éxitos sucesivos que alcanza y, cuando entra en el campo de la pobreza y de la dificultad, el pueblo atribuirá sus difíciles experiencias a supuestas defecciones delante de las sublimes ideas adoptadas.

| 159

Es indispensable trabajar para los hombres como quien sabe que la obra integral pertenece a Jesucristo. El mundo comprenderá en otro momento su esfuerzo de servidor sincero, cuando se lo permita su ascensión evolutiva.

En muchas ocasiones, las opiniones populares equivalen a la gritería de las asambleas infantiles, que no toleran a los educadores más altamente inspira-dos en las líneas de orden, elevación, trabajo y aprovechamiento.

Por lo tanto, que el trabajador sincero del Cristo, sepa obrar sin la preocupación con los juicios erróneos de las criaturas. Jesús lo conoce y esto es suficiente.

(EMMANUEL/FRANCISCO C. XAVIER –*PAN NUESTRO*, CAP. 47)

Transformación Interior

10
VOSOTROS SOIS LA LUZ DEL MUNDO
DILIGENCIA

OBJETIVO: Comprender las posibilidades que se nos han dado y ponerlas en servicio, correlacionando esta enseñanza del Sermón de la Montaña con una de las trece virtudes de Benjamín Franklin: La diligencia. No pierdas el tiempo, dedícalo siempre a algo útil; suprime todas las acciones innecesarias.

10.1 VOSOTROS SOIS LA SAL DE LA TIERRA

«Vosotros sois la sal de la tierra; pero si la sal se vuelve insípida, ¿cómo puede recuperar su sabor? Para nada sirve, sino para ser echada fuera y pisoteada por los hombres».

(MATEO 5:13)

«Sal de la tierra» se ha convertido en una expresión común para todos los cristianos. Significa esencialmente persona buena. El origen está en la Biblia, en el Sermón de la Montaña, citado en el Evangelio de Mateo. Según el Diccionario Oxford, «sal de la tierra» se utiliza generalmente para describir «una persona o personas de gran bondad, confiabilidad u honestidad». Se refiere, por tanto, a una persona o grupo considerado como la parte más noble de la sociedad.

En los tiempos bíblicos, la sal se utilizaba para diversos fines:

USO CEREMONIAL – La sal jugó un papel importante en los sacrificios y ofrendas del Antiguo Testamento.

CONDIMENTO – Las personas usaban la sal para realzar el sabor de los alimentos. Al comparar a sus seguidores con la sal, Jesús indicó que ellos debían dar sabor o condimento a la sociedad.

CONSERVANTE – Desde tiempos primitivos, la sal se ha utilizado para conservar la carne y otros alimentos. Del mismo modo, Jesús enseñó a sus seguidores a guiar a otros por el camino correcto de la vida, preservándolos del fracaso.

DESINFECTANTE – La sal se ha utilizado ampliamente como agente de limpieza. Las partes del cuerpo infectadas pueden sumergirse en agua salada para desinfectarse. Jesús estaría animando a sus seguidores a ayudar a limpiar un mundo sin Dios, a través de buenos ejemplos y una vida con Dios.

ENTIERRO – La sal era una de las especias que se utilizaban tradicionalmente para preparar un cuerpo para el entierro.

UNIDAD DE INTERCAMBIO – Los romanos pagaban a sus soldados con sal (*llamado salarium*), de ahí la palabra salario y frases como «vale tu sal» y «fiel a tu sal». Y si eres «una mina de sal», agregas un mineral valioso o algo similar para que los compradores potenciales sepan que están obteniendo algo de valor.

DESCONGELACIÓN – La sal siempre ha sido útil para descongelar y derretir el hielo. Hoy en día, las personas esparcen sal en las carreteras con este fin. Al servir como sal y amar a los demás, los seguidores de Jesús pueden descongelar los corazones de las personas con su bondad, haciéndolas abiertas a la amistad, las relaciones y la verdad de Dios.

Un comentarista de este pasaje menciona, por ejemplo, que «La sal es refinada y, por lo tanto, implica que debemos eliminar nuestras impurezas». –Además, dice que la sal «crea sed. Debe haber algo en nosotros que hace que otros deseen lo que tenemos». –Dice que la sal «da sabor. Debe haber algo en nosotros que dé mayor sentido a la vida de las personas y dé más sabor a sus actividades».

En los días de Jesús, la sal era un bien escaso. Los aristócratas griegos tenían la costumbre de comprar a sus esclavos pagándolos con sal. Si el esclavo no cumplía las expectativas del comprador, se decía que «el esclavo no valía su sal». De ahí la expresión: «No vale su sal». Como la sal, los seguidores de las enseñanzas de Jesús son un bien precioso en este mundo.

En el libro *Misioneros de la luz* (por el Espíritu André Luiz; médium: Francisco C. Xavier, capítulo 13, página 204, 36 edición-FEB), el mentor Alexandre explica a André Luiz: *En el proceso ordinario de la alimentación, no podemos prescindir de la sal; nuestro mecanismo fisiológico, propiamente dicho, está constituido por un sesenta por ciento de agua salada, cuya composición es casi idéntica a la del mar, constante en sales de* sodio, *calcio y potasio. El sabor de la sal se encuentra en la actividad fisiológica del hombre reencarnado, en su sangre, sudor, lágrimas y secreciones. Los corpúsculos aclimatados en los mares más cálidos vivirían a gusto en el líquido orgánico.* Este extracto del libro *Misioneros de la luz* nos ayuda a ampliar nuestra comprensión de la enseñanza de Jesús, Vosotros sois la sal de la tierra, porque, de hecho, nuestro más importante instrumento de evolución, el cuerpo humano, está compuesto básicamente de sal.

10.2 VOSOTROS SOIS LA LUZ DEL MUNDO

«Vosotros sois la luz del mundo. No puede ocultarse una ciudad situada en la cima de un monte. Ni tampoco se enciende una lámpara y se ponen debajo del celemín, sino sobre el candelero, para que alumbre a todos los que están en la casa. Brille así vuestra luz delante de los hombres, para que vean vuestras buenas obras y glorifiquen a vuestro Padre que está en los cielos».

(MATEO 5:14-16)

164 |

En los días de Jesús, las lámparas eran sencillas y hechas de arcilla. Tenían un depósito de aceite y una boquilla, donde estaba la mecha. Las lámparas domésticas eran tan pequeñas que podían sostenerse en la palma de la mano. Cuando estaba lo suficientemente oscuro para encender una lámpara, las personas la colocaban lo suficientemente alto para iluminar todo a su alrededor —en un estante en la pared de piedra de su casa o en un aplique de madera en el centro de la habitación.

Hay una historia sencilla de un hombre que llevó a un grupo de personas en su carro, de manera rápida y segura, a través de un camino que atravesaba por un bosque oscuro. Cuando le preguntaron cómo sabía dónde estaban todos los árboles a lo largo del camino para poder evitarlos mientras conducía por ese camino angosto, respondió que no sabía dónde estaban; pero añadió: «Miré hacia la abertura entre las copas de los árboles y supe que si seguía la luz que venía de arriba, estaría a salvo».

Y así es como debemos interpretar la enseñanza de Jesús cuando nos pide que dejemos brillar nuestra luz ante los hombres. Nuestro camino espiritual y las realizaciones espirituales que poseemos pueden servir de guía para reducir considerablemente las dificultades y las tinieblas que impiden a los demás encontrar su camino hacia Dios.

Dejar brillar nuestra luz no es una mera abstracción. Jesús habla de la necesidad de realizar obras. Debemos tener un comportamiento concreto. Nuestra luz brilla a través de la forma en que vivimos, las opciones que tomamos y las actitudes que asumimos. Nuestra presencia es evidente cuando somos corteses y respetuosos con los demás, cuando respetamos la vida en general y cuando nos abstenemos de comportamientos imprudentes y arriesgados. Nuestra luz brilla cuando purificamos nuestras almas, cuando hacemos caridad y cuando luchamos por la justicia. Nuestra luz brilla cuando amamos en lugar de odiar, cuando buscamos la | 165 reconciliación y oramos por nuestros enemigos en lugar de buscar venganza. Nuestra luz brilla cuando somos correctos y cuando decimos la verdad del amor, sin esperar retribución.

Tu vida es algo opaco, no transparente, mientras la miras de manera ordinaria. Pero si la miras a través de la luz de la bondad de Dios, verás que es brillante, radiante. Y entonces te preguntarás con asombro: ¿Es realmente mi propia vida la que veo ante mí?

Albert Schweitzer

Muchas veces, al mirar nuestras propias limitaciones, nos detenemos a pensar en estas enseñanzas en particular y nos sentimos tan frágiles, impotentes y pequeños, que se nos hace difícil creer que, un día, seremos capaces de tener siquiera

Transformación Interior

un poco de luz brillando. Pero nunca debemos desesperarnos ni perder la esperanza. En verdad, este mismo pensamiento ya demuestra nuestro crecimiento espiritual, porque nos sentimos humildes y reconocemos nuestra necesidad de crecer. No somos ni incapaces ni poderosos más allá de toda medida. Sin embargo, hay una poderosa luz de verdad y bondad que existe dentro de nosotros. Si permitimos que esta luz brille intensamente, ayudará a otros a hacer lo mismo inconscientemente.

Una noche, un hombre sacó una pequeña vela de una caja y comenzó a subir una escalera larga y sinuosa. «¿A dónde vamos?», la vela preguntó. «Subiremos más alto que una casa para mostrar a los barcos el camino hacia el puerto». «Pero ningún barco en el puerto podrá ver mi luz», dijo la vela. «Soy tan pequeña». «Si tu llama es pequeña», dijo el hombre, «solo mantenla encendida y déjame el resto a mí». Cuando llegaron a lo alto de la larga escalera, encontraron una gran lámpara. Luego tomó la pequeña vela y encendió la lámpara. Pronto, los grandes espejos pulidos detrás de la lámpara emitían rayos de luz que podían verse desde gran distancia.

La historia anterior nos enseña bien que no necesitamos brillar tanto para salvar o ayudar al mundo, incluso una llama parpadeante es suficiente para realizar la tarea que se nos ha encomendado. Somos parte de la creación de Dios. Nuestro trabajo es seguir brillando. El éxito de nuestro trabajo está en las manos de Dios. Una pequeña chispa puede provocar un incendio forestal. La pequeña llama de nuestro buen ejemplo puede cambiar la vida de otros, sin que nos demos cuenta. Sé una luz para ellos, como el faro de la historia, que guio a los barcos a puerto seguro.

Algún día, tal vez, la luz interior brillará en nosotros, y entonces no necesitaremos otra luz.

Johann Wolfgang Von Goethe

10.3 DILIGENCIA

Una de las trece virtudes presentadas por Benjamín Franklin, la diligencia, está en línea con las enseñanzas de Jesús en Mateo 5:13-16. Ella dice: Diligencia –No pierdas el tiempo; dedica siempre tu tiempo a algo útil; elimina todas las acciones innecesarias

Si estamos comprometidos a trabajar por nuestra iluminación personal, no hay tiempo que perder; debemos aprovechar todas las oportunidades que la vida nos presente para aprender y crecer. Debemos tener cuidado de no incurrir en acciones represibles o cualquier acción que pueda impedirnos alinearnos con la bondad. Hay una pregunta que Allan Kardec hace a los espíritus en *El libro de los espíritus* que puede ser considerada un grito de advertencia sobre cómo debemos conducirnos en esta vida.

642. *¿Alcanza con no hacer el mal para ser grato a Dios y asegurarse una posición en el porvenir?*

«No. Es necesario hacer el bien hasta el límite de las propias fuerzas, pues cada uno responderá de todo el mal que haya resultado a causa del bien que no realizó».

No necesitamos el permiso del mundo para hacer brillar nuestra luz en la oscuridad y hacer buenas obras. Cuando

Transformación Interior

recibimos la verdad y la luz de las enseñanzas de Jesús, crecemos y maduramos, así como las plantas crecen cuando reciben luz solar y agua. La luz nos transforma y nos purifica. Florecemos con carácter divino. Nos arraigamos en la verdad para resistir las tormentas y otros obstáculos que podamos encontrar en nuestro camino.

Seguimos a Jesús, llenos de alegría, gratitud y paz. Somos la luz del mundo y, como tal, estamos aquí para usar nuestra luz para elevar y transformar todas las cosas con paz, amor, armonía y buena voluntad. Para cerrar, citamos un poema escrito por Marianne Williamson[28] que puede inspirarnos a encontrar formas de dejar que nuestra luz brille y ayude a los demás:

«Nuestro miedo más profundo no es que seamos inconvenientes. Nuestro miedo más profundo es que somos poderosos más allá de toda medida. Es nuestra luz, no nuestra oscuridad, lo que más nos asusta. Nos preguntamos: ¿Quién soy yo para ser brillante, maravilloso, talentoso y fabuloso? De hecho, ¿quién eres tú para no serlo? Eres un hijo de Dios. Ser pequeño no sirve al mundo. No hay iluminación en encogerse para que los demás no se sientan inseguros a tu alrededor. Todos estamos hechos para brillar, igual que los niños. Nacimos para manifestar la gloria de Dios que está dentro de nosotros. No está solo en algunos de nosotros, está en todos. Y a medida que dejamos que nuestra propia luz brille, inconscientemente damos permiso a otras personas para hacer

---

28   Marianne Williamson em A Return To Love: Reflections on the Principles of A Course in Miracles.

lo mismo. Y a medida que nos liberamos de nuestro miedo, nuestra presencia automáticamente libera a los demás».

Las personas son como vidrieras. Brillan y resplandecen cuando el sol está presente, pero cuando llega la oscuridad, su verdadera belleza se revelará solo si hay luz interior.

Elizabeth Kübler-Ross

LECTURA COMPLEMENTARIA

Recomendamos al lector leer el texto que aparece a continuación, subrayando los pasajes que más le han conmovido y que siente la necesidad de ser trabajados.

HAGAMOS NUESTRA LUZ | 169

«Así resplandezca vuestra luz delante de los hombres». – Jesús. (Mateo, 5:16)

Ante la gloria de los mundos evolucionados y de las esferas sublimes que pueblan el Universo, el estrecho campo en que nos agitamos, en la Corteza Planetaria, es limitado círculo de acción.

Si el problema, no obstante, fuese apenas el de espacio nada tendríamos que lamentar.

La casa pequeña y humilde, iluminada de sol y alegría, es paraíso de felicidad.

La angustia de nuestro plano procede de la sombra.

La oscuridad invade los caminos en todas las direcciones. Son las tinieblas que nacen de la ignorancia, de la maldad, de

Transformación Interior

la insensatez, envolviendo pueblos, instituciones y personas. Son nubarrones que asaltan conciencias, raciocinios y sentimientos.

En medio de la gran noche, es necesario que encendamos nuestra luz. Sin esto es imposible encontrar el camino de la liberación. Sin la irradiación brillante de nuestro propio ser, no podremos ser vistos con facilidad por los Mensajeros Divinos, que ayudan en nombre del Altísimo y no auxiliaremos efectivamente a quien quiera que sea.

Es indispensable organizar el santuario interior e iluminarlo, a fin de que las tinieblas no nos dominen.

Es posible marchar, valiéndonos de luces ajenas. Sin embargo, sin claridad que nos sea propia, padeceremos constante amenaza de caída. Los propietarios de las lámparas encendidas pueden alejarse de nosotros convocados por los montes de elevación que aún no merecemos.

Válete, pues, de los luceros del camino, aplica el pabilo de la buena voluntad al óleo del servicio y de la humildad y enciende tu antorcha para la jornada. ¡Agradece al que te ilumina por unas horas, por algunos días o por muchos años, mas no olvides tu candela, si no deseas resbalar en los precipicios de la senda larga!

Amigo mío, el problema fundamental de la redención no se limita a palabras habladas o escritas. Es muy fácil pronunciar bellos discursos o dar excelentes informaciones, teniendo, entretanto, ceguera en los propios ojos.

Nuestra necesidad básica es de luz propia, de esclarecimiento íntimo, de autoeducación y de conversión sustancial del "yo" al Reino de Dios.

Puedes hablar maravillosamente acerca de la vida, argumentar con brillo sobre la fe, enseñar los valores de la creencia, comer el pan de la consolación, exaltar la paz, recoger las flores del bien, aprovechar los frutos de la generosidad ajena, conquistar la corona efímera de elogio fácil o amontonar diversos títulos que te adornen la personalidad en tránsito por los valles del mundo…

Todo eso, en verdad, puede hacer el espíritu que se demora, indefinidamente, en ciertos ángulos del camino. Sin embargo, avanzar sin luz es imposible.

(Emmanuel/Francisco C. Xavier –Camino, verdad y vida, cap. 180)

11

BUSCAD Y HALLARÉIS
ORDEN

OBJETIVO: Comprender las posibilidades que se nos han dado y ponerlas en práctica, correlacionando las enseñanzas de Jesús con una de las trece virtudes de Benjamín Franklin: El Orden. Deja que todas las cosas tengan su lugar, deja que cada asunto tenga su tiempo.

| 173

11.1 BUSCAD Y HALLARÉIS

1. «*Pedid y se os dará; buscad y hallaréis; llamad a la puerta y se os abrirá. Porque todo el que pide recibe; el que busca halla; y al que llama a la puerta, se le abrirá.*

    ¿Quién de vosotros es el hombre que da una piedra a su hijo cuando este le pide pan? ¿O si le pide un pez, le da una serpiente? Si, pues, vosotros, siendo malos, sabéis dar cosas buenas a vuestros hijos, ¿con cuánta mayor razón vuestro Padre que está en los Cielos dará los bienes verdaderos a quienes se los pidan?».

    (SAN MATEO, 7:7 A 11)

2. Desde el punto de vista terrenal, la máxima Buscad y hallaréis es semejante a esta otra: *Ayúdate, y el Cielo te ayudará*. Es el principio de la *ley del trabajo* y, por

consiguiente, de la *ley del progreso*, porque el progreso es hijo del trabajo, y porque el trabajo pone en acción las fuerzas de la inteligencia.

En la infancia de la humanidad el hombre solo aplica su inteligencia a la búsqueda de alimento, así como de los medios para preservarse de la intemperie y defenderse de sus enemigos. No obstante, Dios le ha concedido algo más que al animal: *el deseo incesante de algo mejor*, y ese deseo es el que lo impulsa a investigar las posibilidades para mejorar su posición, y lo conduce a los descubrimientos, a las invenciones y al progreso de la ciencia, porque la ciencia le proporciona aquello de lo que carece.

Por medio de esas investigaciones la inteligencia del hombre crece, y su moral se purifica. A las necesidades del cuerpo suceden las necesidades del espíritu; después del alimento material hace falta el alimento espiritual. De ese modo, el hombre pasa del estado salvaje al de civilización. [...]

174 |

3. Si Dios hubiese eximido al hombre del trabajo del cuerpo, sus miembros se habrían atrofiado. Si lo hubiese eximido del trabajo de la inteligencia, su espíritu habría permanecido en la infancia, en el estado de instinto animal. Por eso Él hizo que el trabajo fuera una necesidad; y le dijo: *Busca y hallarás, trabaja y producirás.* De esa manera serás hijo de tus obras, tendrás el mérito de ellas y serás recompensado de acuerdo con lo que hayas hecho.

    (ESE, CAP. XXV)

4. En virtud de la aplicación de ese principio, los Espíritus no vienen para ahorrar al hombre el trabajo de las investigaciones, pues no le traen descubrimientos ni

invenciones. [...] cuando le dicen: Avanza y llegarás. Encontrarás piedras a tu paso. Observa, y apártalas tú mismo. Nosotros te daremos la fuerza necesaria si quieres emplearla.

(*EL LIBRO DE LOS MÉDIUMS*, CAP. XXVI, ÍTEM 291 Y SIGUIEN-
TES).

5. Desde el punto de vista moral, esas palabras de Jesús significan: Pedid la luz que debe iluminar vuestro camino, y se os dará; pedid fuerzas para resistir al mal, y la tendréis; pedid la asistencia de los Espíritus buenos, y vendrán a acompañaros, y tal como el ángel de Tobías, os servirán de guía; pedid buenos consejos, y jamás se os negarán; llamad a nuestra puerta, y se abrirá para vosotros; pero pedid sinceramente, con fe, con fervor y confianza; presentaos con humildad y no con arrogancia, porque de lo contrario seréis abandonados a vuestras propias fuerzas, y vuestras caídas serán el castigo para vuestro orgullo. [...].

(ESE, CAP. XXV)

El problema aquí es que nos falta confianza y fe en Dios y en la ayuda de los buenos Espíritus, por eso no llamamos a la puerta. Justificamos esta posición diciendo que muchas veces hemos orado y pedido ayuda y la ayuda no ha llegado. Pero debemos reflexionar sinceramente sobre lo que hemos pedido. A la luz de las enseñanzas de Jesús: «¿Quién de vosotros, si su hijo le pide pan, le dará una piedra? ¿O si le pide un pescado, le dará una serpiente?» ¿Sería justo creer que nuestro Creador divino ignoraría nuestras necesidades y nos dejaría a nuestra suerte? Lo que a menudo sucede es que no vemos la providencia divina hasta que ya estamos viviendo un nuevo capítulo en nuestras vidas. Pero eso no significa que no fuimos ayudados.

Transformación Interior

La falta de confianza en un Dios Todopoderoso se refleja en la historia de un niño de nueve años que, al regresar de la escuela hebrea, habla con su madre sobre la lección del día.

«Bueno, el rabino contó cómo Dios envió a Moisés tras las líneas enemigas para rescatar a los israelitas de los egipcios. Al llegar al Mar Rojo, Moisés llamó a los ingenieros para que construyeran un puente flotante. Después de que todos cruzaron el mar, miraron hacia atrás y vieron acercarse los tanques egipcios.

Rápido como un rayo, Moisés, a través de su "walkie-talkie",[29] les pide que bombardeen el puente, y así fue como salvó a los israelitas.

Su madre, asombrada, le pregunta al niño: "David, ¿realmente así fue como el rabino contó esta historia?" "Bueno, no exactamente, mamá. Pero si te cuento cómo lo hizo, ¡no lo vas a creer!"».

La historia es divertida porque es todo muy cierto. Cuando las cosas son más grandes que nuestra experiencia de vida, las «traducimos» a lo que consideramos dimensiones comprensibles.

Todos los días surgen cosas increíbles en nuestro camino, pero las ignoramos porque estamos demasiado ocupados mirando las situaciones negativas que enfrentamos actualmente. Cada nuevo día es una oportunidad bendecida para el crecimiento espiritual y la iluminación. Cuando abres tu mente y tu corazón a la alegría, podrás encontrarla en todas partes. ¡Intenta vivir la vida y encontrarás la felicidad!

Por otro lado, encontramos un bello ejemplo de fe presentado por Verónica de Cesarea de Filipo, en uno de los

---

29   Walkie-talkie: juguete que funciona como un teléfono celular.

pasajes del Nuevo Testamento narrado por Mateo (9:20 al 22):

Mientras Jesús pasaba entre la multitud en una calle estrecha, de repente se detuvo y exclamó: «Alguien me ha tocado». Y como los que estaban cerca de él negaron haberlo tocado, Pedro dijo: «Maestro, ves que esta multitud te aprieta y amenaza con aplastarnos, ¿y tú dices que alguien te ha tocado?» «¿Qué quieres decir?» Entonces Jesús dijo: «Pregunté quién me había tocado, porque percibí que de mí emanaba una energía vital». Jesús miró a su alrededor y sus ojos se posaron en una mujer que estaba cerca, que se arrodilló a sus pies y dijo:

«Durante años he padecido una hemorragia grave; he sufrido mucho por culpa de muchos médicos y he gastado todos mis bienes, pero nadie puede curarme. Entonces oí hablar de ti y pensé que, con solo tocar el borde de tu manto, quedaría sana». Al oír esto, Jesús la tomó de la mano, la levantó y le dijo: «Hija, tu fe te ha salvado; vete en paz». Fue su fe, y no su toque, lo que sanó a la mujer. Él quería que todos supieran que fue su fe viva la que efectuó la sanación.

11.2 LLAMAD A LA PUERTA Y SE OS ABRIRÁ

Vemos en Mateo «Llamad a la puerta y se os abrirá». (Mateo 7:7) –Si el resultado final de llamar es que la puerta se abra, entonces comenzó con la puerta cerrada.

Muchas veces consideramos las puertas cerradas como algo malo; nos deja con la cabeza baja en señal de derrota, entrando en pánico o intentando usar las llaves de otras personas para entrar. Somos animados simplemente a tocar. Llamar significa más que la pregunta inicial; significa que

Transformación Interior

esperes la respuesta. Algunas puertas no se abren tan rápido como otras, pero pueden abrirse y eventualmente lo harán.

He aquí algunas ideas sobre cómo LLAMAR con éxito.

La valentía de la fe. Mantén tu fe: la misma fe que te impulsa a llamar a la puerta es la misma fe necesaria para mantenerte en pie ante la puerta. Pero cuando estamos dispuestos a alejarnos por la demora o porque aparecen otras cosas de fácil ganancia, ¿qué haces? Se necesita fe para quedarse y esperar, para conquistar un sueño que nadie más tiene, solo tú. Mantén tu fe atendiéndola como un jardinero cultiva sus rosas perfectas.

Abandona el miedo y la duda. Nunca cedas ante la duda y el miedo: es normal tener dudas y temores. Lo importante es no permitir que estos sentimientos te muevan de tu posición. Esto ocurre cuando intentas discutir con las dudas y los miedos, que son simplemente sentimientos, no verdades.

Inténtalo de otra manera: Si esperas que la puerta se abra de una manera ordinaria o de la forma que esperas, podrías perderte la entrada. Piensa en todas las formas en que puede abrirse una puerta: girando, deslizándose..., o quizás haya una pequeña abertura al fondo y tengas que agacharte para pasar (quizá perder el ego y la actitud te ayude a pasar).

Escoge: Tenemos tanto poder en nuestra capacidad de elección: elige defender tu posición, elige ser agradecido, elige perdonar, elige alegrarte de verdad por los demás, elige hacer lo que es incómodo si puede llevarte más lejos. Cuando no nos damos cuenta del valor y el poder de nuestra capacidad de elegir, inconscientemente encerramos nuestro potencial en nuestros sentimientos. Vivir sin límites es posible si elegimos actuar y pensar independientemente de lo que sentimos y cómo lo sentimos. Negarse a hacer cosas por costumbre.

Guarda tu corazón y tu mente: Ten cuidado con lo que (siembras) y a quién permites sembrar en ti. Si estás parado en la puerta, esperando que se abra, necesitas a tus animadores, personas que te ofrecerán sus hombros para ponerte de pie, y que esperarán a que el tiempo pase contigo pacientemente y en silencio, con palabras de aliento. Lee, busca música y películas inspiradoras, haz lo que sea necesario para mantener tu mente y tu corazón preparados para lo que te espera al otro lado de la puerta. Si bien algunas puertas cerradas están destinadas a llevarte por otro camino, otras están destinadas a abrirse.

Cuando una puerta se cierra, otra se abre, pero a menudo miramos durante tanto tiempo y con tanto pesar la puerta cerrada que no vemos la que se abrió para nosotros.

Alexander Graham Bell | 179

11.3 POSITIVIDAD DEL DOLOR EN NUESTRAS VIDAS

Llamar requiere una actitud positiva y activa. No podemos esperar que nos sucedan cosas sin hacer nuestra parte. Dios no ayuda de esta manera. Nos da las herramientas necesarias para que podamos alcanzar nuestro objetivo final, que es evolucionar y convertirnos en Espíritus puros. A veces, la única manera de lograr esto es atravesando desafíos que pueden aparecer en forma de sufrimiento y dificultades en nuestras vidas. Podemos ver en los ítems 3 y 4 del capítulo XXV de *El evangelio según el espiritismo*, citado anteriormente, que es a través del trabajo que desarrollamos nuestra inteligencia y, como consecuencia, evolucionamos también espiritualmente.

Transformación Interior

Necesitamos aprender el verdadero valor del sufrimiento, los desafíos y las dificultades en nuestras vidas, y abrazarlos como compañeros benditos que nos llevarán a la iluminación y, como Benjamín Franklin, una vez dijo, refiriéndose a la reencarnación, convertirnos en una mejor versión de nosotros mismos.

En el libro *Victoria sobre la depresión* (Publicado por LEAL en 2010), el Espíritu Joanna de Ângelis, a través de la mediumnidad de Divaldo Franco, dice:

El dolor es siempre un compañero no deseado, ya que aflige con sus sensaciones y emociones perturbadoras. Sin embargo, muchos golpes de sufrimiento tienen funciones psicoterapéuticas para el Espíritu, porque nos ayudan a despertar a la realidad de ser inmortales, aun cuando todavía dependemos de nuestro cuerpo material, que es siempre de duración efímera.

[...]

La perla es arrancada de su claustro mediante golpes vigorosos de herramientas que lo abren. Mientras está protegida en su santuario, la perla no refleja la luz. suave que tiene.

De manera similar, el despertar de la conciencia en los seres humanos puede ocurrir a través de un progreso lento que proporcione enriquecimiento, con sus huellas de dolor y angustia que impulsan al individuo hacia la realidad de su etapa actual de evolución. (Cap. 14 –*Responsabilidad de conciencia*)

El sufrimiento es malo, sin embargo, no es un mal, porque ofrece recursos valiosos para la adquisición de activos permanentes.

Sin dolor, el hombre aún estaría en las etapas más bajas de su desarrollo antropo-socio-psicológico, sin el equilibrio necesario para navegar con éxito las confrontaciones del proceso evolutivo.

Atravesar el río de los problemas de una orilla a la otra, donde se encuentran las hermosas actividades de la grandeza moral, es la tarea de la persona inteligente, que anhela el logro de la felicidad.

Cuando Jesús dijo que el reino de los Cielos está dentro de nosotros, indicó la posibilidad de que, a través de la iluminación interior, los individuos ya pudieran conocerlo y experimentarlo.

No importa cuánto esfuerzo tengamos que hacer ni cuánto dolor tengamos que soportar para tener éxito y lograr cosas buenas porque, como dijo Thomas Edison:

El genio es un uno por ciento de inspiración y un noventa y nueve por ciento de transpiración.

También dijo:

Nunca hice nada por accidente, ni ninguno de mis inventos ha ocurrido por casualidad; ellos son el resultado del trabajo.

Y para aquellos que querían señalarle sus fracasos, él respondía de manera positiva, diciendo:

Yo no fallé. Solo descubrí 10.000 maneras que no funcionaron.

¡Y al final todos sabemos lo bien que lo hizo!

Cuando las dificultades se multiplican a tu alrededor, causándote vergüenza y conflictos. Cuando las vicisitudes parecen ser tan insoportables que abandonar las propias obligaciones parece ser la única salida...

Entonces, y solo entonces, habrás llegado al momento de oro para dar testimonio de tu fe, porque sirviendo y actuando ante la fatiga y la tribulación, puedes estar seguro de que, a causa de tu trabajo y dedicación, Dios vendrá en tu ayuda con una asistencia imprevista y una luz inesperada.

Dios no exige que tengamos éxito; solo exige que lo intentemos.

Madre Teresa

11.4 SÉ PROACTIVO - AYÚDATE Y EL CIELO TE AYUDARÁ

En nuestra sociedad ya está totalmente aceptado que es necesario reciclar papel, metales, textiles y otros artículos que antes se desperdiciaban o eran inútiles en nuestros hogares. Pero esta sana práctica de reciclar nuestros pensamientos se encuentra aún en una fase incipiente del comportamiento humano. Evidentemente, el proceso de cambio de hábitos arraigados requiere nuestra colaboración, que empieza por reconocer cómo estamos actuando y por qué; implica un proceso consciente de elección de nuestra forma de pensar, y esto requiere persistencia en la búsqueda y la necesidad de seguir de cerca los resultados alcanzados. ¡Oh, sí! Y tenemos que luchar contra nuestra resistencia interna a hacer cambios, y contra nuestra resistencia externa, reflejada en la desaprobación y el descontento de aquellos a quienes no les gustan nuestros cambios.

Cuando decimos «Ayúdate que el cielo te ayudará», estamos resumiendo una buena actitud en la que nos damos cuenta de que necesitamos cambiar algo en nuestra vida y entendemos que todo empieza por reflexionar sobre lo que hay que cambiar en nuestra forma de pensar. Podemos reciclar nuestros pensamientos. ¿Hay otra forma de ver la misma situación? ¿Estamos limitando nuestra visión y no nos damos cuenta de que hay muchos ángulos que pueden mostrarnos una solución más adecuada y eficaz? ¿Hay tanto orgullo en mí que no me permito ver, sentir y pensar de forma diferente a como lo hago ahora?

Necesitamos estar más atentos a lo que ocurre en nuestro interior, analizándonos y redoblando nuestra atención; tenemos que ser más flexibles con nuestros preconceptos; examinar cómo nos sentimos y qué desencadena nuestras reacciones. ¡Pero tenemos que hacerlo sin culparnos y sin exigirnos! Estamos en un proceso evolutivo, y los errores no deben considerarse necesariamente actos vergonzosos.

Trabajar para ganarse la vida ya forma parte de nuestras vidas. Trabajar para mejorarnos sigue requiriendo una acción positiva.

Nuestra mera convicción especulativa de que nos conviene ser totalmente virtuosos no basta para evitar nuestros deslices; hay que eliminar nuestros hábitos negativos, y adquirir y establecer los buenos para que podamos tener cierta constancia y uniformidad en el comportamiento recto.

No es el crítico quien cuenta ni el hombre que señala cuándo tropieza el hombre fuerte o dónde podría haberlo hecho mejor el obrero. El mérito pertenece al hombre que está realmente en la arena, cuyo rostro está sucio de polvo, sudor y sangre, que se esfuerza valientemente, que comete errores pero sigue intentándolo, porque no hay esfuerzo sin error ni fracaso, pero aquel que conoce los grandes entusiasmos, las grandes devociones, que se dedica a una causa digna; que, en la mejor de las hipótesis, reconoce al final el triunfo de las grandes realizaciones, y que, en el peor de las hipótesis, si fracasa, al menos fracasa atreviéndose

| 183

con valentía, de modo que su lugar nunca estará con las almas frías y tímidas que no han conocido ni la victoria ni la derrota.

Theodore Roosevelt, 1910

11.5 ORDEN

En su autobiografía, Benjamín Franklin dijo: «*Cuando entendía, o creía entender, lo que estaba bien y lo que estaba mal, no veía por qué no siempre hacía lo uno y evitaba lo otro. Pero pronto descubrí que había emprendido una tarea más difícil de lo que había imaginado. Aunque me esforzaba por evitar una falta, a menudo me sorprendía; los hábitos prevalecen en los momentos de distracción; la inclinación a veces era demasiado fuerte para la razón.*

Llegué finalmente a la conclusión de que la mera convicción especulativa de que nos interesaba ser perfectamente virtuosos no era suficiente para evitar nuestras faltas; y que los malos hábitos deben ser destruidos y los buenos adquiridos y establecidos antes de que podamos tener seguridad en una conducta recta, firme y uniforme. Para este propósito, por lo tanto, he ideado el método de las trece virtudes».

Para seguir el programa que él mismo estableció, Benjamín Franklin necesitaba contar primero con el ORDEN –Deja que todas las cosas tengan su lugar, cada tema tiene su tiempo.

Al abordar los problemas que tenemos que resolver, a menos que sigamos una lista de prioridades, poniendo siempre primero las ganancias monetarias o financieras, el corazón y el hogar, no seremos capaces de tener éxito de manera satisfactoria.

Entender nuestro potencial y propósito requiere orden, paciencia, determinación y logro diario. Enfrentar desafíos es realmente una cuestión de tener fe en la propia capacidad de ser positivo respecto a la vida. Que nunca perdamos de vista esta importante verdad: ninguno de nosotros puede ser verdaderamente grande hasta que pongamos a Dios primero y adquiramos conocimiento de nosotros mismos.

Lo que está detrás de ti y lo que está delante de ti son cosas pequeñas comparadas con lo que hay dentro de ti.

Ralph Waldo Emerson

11.6 PEDID, Y SE OS DARÁ

El Espíritu Joana de Ângelis, a través de la mediumnidad de Divaldo Franco, en el libro *Victoria sobre la depresión* (Publicado por LEAL en 2010), nos habla de la eficacia de la oración:

| 185

«*Cada criatura es, en realidad, aquello que cultiva en su casa mental. Sus ideales de ennoblecimiento o de degradación lo llevan a las franjas vibratorias en las cuales extraen las energías correspondientes a las cargas emitidas.*

No fue por otra razón que Jesús anunció: Todo lo que pidáis a mi Padre, orando, Él os lo concederá, demostrando que la plena sintonía con la poderosa Fuente de la Vida produce una correspondencia entre el que ora y el Progenitor divino».

(CAP. 25, *HECHOS AFLICTIVOS*)

«*Cuando alguien ora, se abren sus campos psíquicos, que se tornan dúctiles a los registros de las respuestas celestes.*

Transformación Interior

Si los seres humanos conocieran el poder transformador de la oración, siempre que fuera posible buscarían establecer una conexión con las esferas superiores, recibiendo energía saludable a través de este intercambio para sostener sus victorias existenciales».

(CAP. 12, *EL LIBRE ALBEDRÍO*)

Cultivar pensamientos edificantes, tratar de vivir de forma coherente con los objetivos más elevados de la vida, es el deber de todo aquel que anhele la salud, la paz y la felicidad.

Y recuerda, cuando abres tu mente y tu corazón a la alegría, podrás descubrirla en todas partes, solo mira la vida y he aquí que ¡es alegre!

Cuando la vida nos da cien razones para llorar, podemos demostrarle que tenemos miles de razones para sonreír.

Anónimo

LECTURA COMPLEMENTARIA

Recomendamos al lector leer el texto que aparece a continuación, subrayando los pasajes que más le han conmovido y que siente la necesidad de ser trabajados.

HALLAREMOS SIEMPRE

«Porque cualquiera que pide, recibe; y quien busca halla». —Jesús.

(LUCAS, 11:10.)

Al experimentar el creyente la necesidad de alguna cosa recuerda, maquinalmente, la promesa ante el Maestro cuando aseguró respuesta adecuada a cualquiera que la pidiera.

Importa, no obstante, saber qué buscamos. Naturalmente, recibiremos siempre, más es imprescindible conocer el objeto de nuestra solicitud.

Aseveró Jesús: «Quien busca, halla».

Quien procura el mal se encuentra con el mal igualmente.

Existe perfecta correspondencia entre nuestra alma y el alma de las cosas. No exponemos una hipótesis, examinamos una ley.

Para los que procuran ladrones, escuchando los falsos llamados del mundo interior que les es propio, todos los hombres serán deshonestos. Así ocurre a los que poseen aspiraciones de creencia, acercándose, desconfiado, a las agrupaciones religiosas. Nunca tienen fe, porque todo lo analizan por la mala fe a la que se acogen. Tanto experimentan e insisten, manejando los propósitos inferiores de los que se nutren, que nada encuentran, efectivamente, más allá de las desilusiones que esperaban.

A fin de que encontremos el bien, es preciso buscarlo todos los días.

Innegablemente, en un campo de luchas chocantes como la esfera terrestre, la caza al mal es inmediatamente coronada de éxito, por la preponderancia del mal entre las criaturas. Ir en busca del bien no es tan fácil; no obstante, el bien será encontrado como valor divino y eterno.

Es indispensable, pues, mucha vigilancia en la decisión de buscar alguna cosa, por cuanto el maestro afirmó: «Quien busca, halla»; y hallaremos siempre lo que procuramos.

(EMMANUEL/FRANCISCO C. XAVIER –*CAMINO, VERDAD Y VIDA,*

Transformación Interior

CAP. 109)

12
TRANSFORMACIÓN MORAL

OBJETIVO: A través del análisis de hechos que muestran el momento del cambio de vida de algunos misioneros de la humanidad, podemos obtener fuerzas para trabajar en nuestra transformación moral.

12.1 EJEMPLOS: PABLO DE TARSO

En su conocido libro, *Pablo*: *A Study in Social and Religious History*, publicado por primera vez en 1912, Adolf Deissmann dijo que el verdadero investigador histórico debe rescatar «el documento de Pablo de nuestras bibliotecas occidentales». Pablo es un personaje fundamental en la historia. Surgió de una relativa oscuridad en el primer siglo del cristianismo para ser reconocido mundialmente como una figura internacional moderna. Nadie más que el propio Cristo ha sido tan influyente en la historia del cristianismo. No se sabe con certeza cuándo Pablo comenzó a perseguir a los cristianos. Saulo de Tarso aparece por primera vez en el registro bíblico con ocasión de la lapidación de Esteban, el primer mártir de la causa cristiana, incluso «consintiendo» su muerte (Hechos

Transformación Interior

7:58; 9:1). A partir de entonces, su persecución contra los cristianos fue implacable, como consta en su testimonio en el libro de Hechos de los Apóstoles. Él sinceramente creía que estaba haciendo la voluntad de Dios (23:1; 26:9).

En entrevista concedida a la *Revista Espírita*,[30] Divaldo Franco dijo que, después de profundos análisis, llegó a la conclusión de que Saulo era un espíritu de personalidad fuerte y ambiciosa, que buscaba ser fiel a la Ley de Moisés, y estaba dominado por una obstinación característica de quien quería alcanzar la más alta posición en el Sanedrín. Intuitivamente, sintió que Jesús era el Mesías y, en consecuencia, experimentó una dicotomía psicológica: lo amaba y lo odiaba.

Saulo se abrió mentalmente a Jesús cuando su prometida Abigail le contó sobre la grandeza espiritual del Maestro. Pero Saulo sintió unos celos incontrolables debido a su carácter despiadado. Poco después, con el asesinato de Esteban, quedó sensibilizado por el coraje y el amor demostrado por el discípulo de Jesús frente a la muerte, y se sintió profundamente e inesperadamente tocado por él. Aun así, se volvió más resistente debido al orgullo tonto que lo dominaba.

Según el evangelista Lucas (Hechos 9:11), Saulo, armado y con órdenes de arresto contra los cristianos, partió de Jerusalén en viaje hacia la antigua Damasco, a unos 225 kilómetros al norte. Cuando se aproximaba a la ciudad, una luz más brillante que el sol del mediodía lo envolvió de repente por completo.

El encuentro a las puertas de Damasco fue el medio poderoso utilizado por Jesús para atraer a Saulo a su causa.

---

30   https://www.spiritistmagazine.org/

Vale la pena señalar que el diálogo entre Jesús y Saulo es uno de los ejemplos más bellos de conversión que se encuentran en la historia religiosa de la humanidad. Después de que Jesús le preguntó por qué le perseguía, Saulo preguntó quién era y, cuando se lo dijeron, Saulo se rindió como quien reconoce a su maestro. No discutió ni mostró aprensión alguna, sino que simplemente se entregó a Jesús, preguntándole: «¿Qué quieres que yo haga?».

... Y él obedeció.

EL MOTIVO DE LA CONVERSIÓN[31]

Hasta el día de hoy, muchos cuestionan la veracidad de la conversión de Pablo. Lord George Lyttelton (1708-1773), que estudió en Oxford y también sirvió con distinción en el Parlamento británico, fue inicialmente muy escéptico al respecto del cristianismo. Decidió que emprendería un análisis crítico del relato de Lucas sobre «la experiencia de conversión de Pablo». Al hacerlo, creyó que podía establecer que la transformación radical de Pablo estaba basada en el interés propio. Sabía que tenía que haber alguna justificación racional para un cambio tan importante en la vida de Saulo. Pero después de investigar exhaustivamente el asunto a fondo, cambió su visión escéptica y concluyó que la conversión de Pablo fue genuina. En 1747, Lord Lyttelton publicó su libro *Observaciones sobre la conversión de san Pablo*, en el que defiende la verdad de la creencia cristiana. Este libro todavía se imprime después de 200 años; un fenómeno raro en el mercado editorial.

Lyttelton concluyó:

---

31   https://www.christiancourier.com/articles/1372

Transformación Interior

1. El apóstol no era un impostor que defendía deliberadamente lo que sabía que era falso; de hecho, ¿por qué sufriría tal persecución si pensara que todo era una mentira?

2. Pablo no era un entusiasta que se dejara llevar por una «imaginación fértil», era un erudito disciplinado y lógico de primer orden.

3. No fue engañado por el fraude de otros porque su revelación fue independiente de los otros apóstoles. Incluso sus críticos confirman su independencia.

Aunque la palabra conversión es teológicamente aceptada, el comentario de Divaldo sobre la conversión de Saulo es que fue más bien una aceptación de algo que temía interiormente y que terminó sucediendo. El significado etimológico de la conversión de Pablo representa el cambio de actitud, creencia y comportamiento, adoptando uno que le era opuesto. Esta aceptación o conversión, sin embargo, se presenta de mil maneras diferentes, según el nivel moral y espiritual de cada ser humano. Cuando Jesús le dice a Pablo: «Te va a resultar duro dar coces contra el aguijón» (Hechos 26:14), es evidente que estas palabras demuestran una conciencia de los pasos en el proceso de alcanzar la conciencia profunda. Cuando intentamos negar una realidad que estamos enfrentando, eso se convierte en un verdadero dolor, porque no podemos liberar a nuestro *self* inconsciente de su presencia, lo que nos obliga a entrar en un estado de conciencia adormecida. Esto equivale a decir que nadie es capaz de huir indefinidamente de sí mismo, es decir, del autoencuentro, que conduce inevitablemente a una inmersión profunda en la plena conciencia. Muchas veces este despertar se produce de forma gradual, por etapas, teniendo en cuenta la fijación del pasado espiritual, cuyo objetivo colectivo es mantenernos en la ignorancia. El despertar de nuestro *Self* (Yo) es muy doloroso para el ego que está inmerso en lo convencional, mientras que el *Self* (Yo) quiere alcanzar la individuación, es decir, el estado numinoso.

En Saulo-Pablo encontramos el arquetipo del héroe, tal como lo conceptualiza la psicología junguiana, que está dormido y de repente despierta, similar a lo que sucede en la parábola del hijo pródigo que va en busca de sí mismo y regresa a la casa de su padre para rehabilitarse. Todos llevamos este arquetipo que se manifestará en un momento culminante, realizando la integración de Saulo en Pablo, y para esta realidad podemos ofrecer nuestra existencia sin reticencias.[32]

Podemos leer más sobre la transformación moral de Pablo en el excelente libro *Pablo y Esteban*. El Espíritu Emmanuel, valiéndose de la mediumnidad de Chico Xavier, describe uno de los momentos más emblemáticos del cristianismo primitivo: la historia de Pablo de Tarso. Además de ofrecer nuevas informaciones sobre la conversión de Pablo a las puertas de Damasco, su huida al desierto y sus viajes, el libro habla de la relación entre Pablo y Esteban, el primer mártir del cristianismo. *Pablo y Esteban* es considerado uno de los mejores libros espíritas del siglo XX.

MARÍA MAGDALENA O MARÍA DE

---

32   La *Revista Espírita*, volumen 6.

Transformación Interior

MAGDALA

María Magdalena o María de Magdala fue una de las discípulas más famosas de Jesús. Es una figura muy conocida porque, según los Evangelios de Marcos y Juan, fue la primera persona en ver a Jesús después de resucitar. Desde finales del siglo VI, María Magdalena ha sido identificada por la Iglesia Católica como una prostituta adúltera y arrepentida. El Papa Gregorio Magno pronunció un discurso en el año 591 en el que pareció combinar las acciones de tres mujeres mencionadas en el Nuevo Testamento, añadiendo también una mujer desconocida como María Magdalena.

En 1969, el Vaticano, sin comentar el razonamiento del Papa Gregorio,[33] rechazó implícitamente esta hipótesis, separando a la mujer pecadora de Lucas, María de Betania y María Magdalena a través del Misal Romano.

Según Lucas 8:2 y Marcos 16:9, Jesús la purificó de «siete demonios».

Hoy, a través de la visión espírita, entendemos que estos «siete demonios» en realidad representan los siete pecados capitales, a los cuales María Magdalena se entregó cuando llevó una vida equivocada.

En el libro *Buena nueva* del Espíritu Humberto de Campos, psicografiado por Francisco C. Xavier, el capítulo 20 está dedicado a contar la historia de María Magdalena.

Humberto de Campos escribe: María Magdalena[34] había escuchado la predicación del Evangelio del Reino, y

---

33   Williams, Mary Alice. "Mary Magdalene." PBS: Religion and Ethics. November 21, 2003. Episode 712. Web: 22

34   https://pt.wikipedia.org/wiki/Maria_Madalena

había quedado llena de profunda admiración por Jesús. El profeta Nazareno había plantado nuevos pensamientos en su alma. Observó que la facilidad de la vida ahora traía un aburrimiento mortal a su espíritu sensible. Entonces ella se puso en camino para buscar al Mesías.

Para todos, ella era la mujer perdida que tendría que encontrar la lapidación en la plaza pública. Pero ahora, quería trabajar en implementar las ideas puras y redentoras de Jesús. Se propuso amar como amó Jesús, sentir con sus sublimes sentimientos. Si fuera necesario, sabría renunciar a todo.

Entonces ella le dijo a Jesús:

¡Señor, he oído tu palabra consoladora y vengo a tu encuentro!... ¡Tienes la clarividencia del Cielo y puedes adivinar cómo he estado viviendo! Soy hijo del pecado.

Todos me condenan. Entretanto Maestro, ¡mira cómo tengo sed de amor verdadero!... Mi existencia, como todos los placeres ha sido estéril y amarga.

Escuchándola, el profeta Nazareno le dijo:

María, alza tus ojos al cielo y alégrate en el camino, porque escuchaste la Buena Nueva del Reino y Dios te bendice con alegría. Camina ahora bajo su luz (Dios), porque el amor cubre la multitud de pecados. María, trabaja siempre, sin amargura ni ambición, con la alegría del sacrificio. ¡Solo el amor que renuncia sabe caminar hacia la vida suprema!

María siguió, humilde y sola, resistiendo a todas las propuestas condenables que le pedían para una nueva caída de sentimientos. Sin recursos para vivir, trabajó para mantenerse. Fue fuerte en las horas más duras, alegre en los sufrimientos más espantosos, fiel a Dios en los momentos oscuros y conmovedores.

Transformación Interior

María Magdalena es la líder de un grupo de seguidores de Jesús que estuvieron presentes en la cruz cuando los discípulos (con excepción de Juan, el Amado) habían huido, y también estuvieron en su entierro. María fue una seguidora devota de Jesús y entró en el círculo íntimo de aquellos que fueron guiados por Jesús durante su ministerio. Se dedicó fielmente a difundir los mensajes de Jesús a los leprosos y murió de lepra.

Para comprender la grandeza de este espíritu y los sacrificios que realizó para alcanzar la superación interior, leamos el mensaje iluminado del Espíritu Emmanuel que describe a María de Magdala:

MAGDALENA

«Le dice Jesús: ¡María! - Ella volviéndose, le dice: ¡Maestro!». (Juan, 20: 16.)

De los hechos más significativos del Evangelio, la primera visita de Jesús, en la resurrección, es de aquellos que invitan a la meditación sustanciosa y esmerada.

¿Por qué razones profundas dejaría el Divino Maestro tantas figuras más próximas a su vida para surgir a los ojos de Magdalena, en primer lugar?

Somos naturalmente compelidos a indagar ¿por qué no habría aparecido, antes, al corazón abnegado y amoroso que le sirviera de Madre o a los discípulos amados?

Entretanto, el gesto de Jesús es profundamente simbólico en su esencia divina.

Entre los personajes de la Buena Nueva, nadie hizo tanta violencia a sí mismo, para seguir al Salvador, como la inolvidable obsesada de Magdala. Ni siquiera

Pablo Tarso, haría tanto, más tarde, porque la conciencia del apóstol de los gentiles eran apasionadas por la Ley, mas no por los vicios. Magdalena, sin embargo, había conocido el fondo amargo de los hábitos difíciles de ser extirpados, se había debilitado al contacto de entidades perversas y permanecía «muerta» en las sensaciones que operaban la parálisis del alma; entretanto, bastó el encuentro con Cristo para abandonar todo y seguirle los pasos, fiel hasta el fin, en los actos de negación de sí misma y en firme resolución de tomar la cruz que le competía en el calvario redentor de su existencia angustiosa.

Es comprensible que muchos estudiantes investiguen la razón por la cual no apareció el Maestro, primeramente, a Pedro o a Juan, a su Madre o los amigos. No obstante, es igualmente razonable reconozcamos que, con su gesto inolvidable, Jesús ratificó la lección de que su doctrina será, para todos los aprendices y seguidores, el código de oro de las vidas transformadas para la gloria del bien. Y nadie había transformado su propia vida, a la luz del Evangelio redentor, como lo hizo María de Magdala.

(EMMANUEL/FRANCISCO C. XAVIER –*CAMINO, VERDAD Y VIDA,*

CAP. 92).

| 197

SAN AGUSTÍN

Agustín de Hipona (13 de noviembre de 354 – 28 de agosto de 430) fue obispo de la ciudad de Hipona. Fue un filósofo y teólogo de habla latina que vivió en el norte de África romana. Sus escritos fueron muy influyentes en el desarrollo del cristianismo occidental. Para la Iglesia Católica y la Iglesia Anglicana, es considerado un santo y eminente Doctor de la

Transformación Interior

Iglesia. En sus primeros años estuvo fuertemente influenciado por el maniqueísmo y posteriormente por el neoplatonismo de Plotino. Después de su conversión al cristianismo y al bautismo (387), Agustín desarrolló su propio enfoque para filosofía y teología, acomodando una variedad de métodos y diferentes perspectivas.

Cuando era joven, Agustín llevó un estilo de vida hedonista por un tiempo, relacionándose con mujeres jóvenes que se jactaban de sus experiencias con el sexo opuesto e incitaban a hombres jóvenes inexpertos como él a buscar experiencias con mujeres.

Tuvo un romance con una joven de Cartago que fue su amante durante más de trece años y dio a luz a su hijo Adeodato.

A la edad de treinta años, Agustín ganó la cátedra más valorada en el mundo académico latino, en una época en que tales puestos daban fácil acceso a carreras políticas.

Se estaba alejando del maniqueísmo cuando aún residía en Cartago, pero fue en Milán donde la vida de Agustín realmente cambió. Su madre, que lo había seguido a Milán, lo presionó para que se hiciera cristiano. Luego, más tarde, en el verano de 386, después de haber leído un relato de la vida de San Antonio del Desierto, que lo inspiró profundamente, Agustín pasó por una profunda crisis personal, que lo llevó a convertirse al cristianismo y abandonar su carrera de retórica. Dejó su puesto de docente y se dedicó enteramente al servicio de Dios y a las prácticas del sacerdocio, que incluían el celibato. La clave de esta conversión fue la voz de un niño que escuchó cantando cerca de su casa. Hizo una pausa para reflexionar sobre cómo y por qué este niño estaba cantando esas palabras, y enseguida dejó su jardín y regresó a su casa.

Al llegar allí, abrió la Biblia al azar en la epístola de Pablo a los romanos y comenzó a leer: (Romanos 13:13-14) «Andemos honestamente, como de día, no en juergas, no en borracheras, no en deshonestidad, no en libertinaje, no en contiendas y envidias; sino vestíos del Señor Jesucristo, y no nos dejemos llevar por la carne para satisfacer sus lujurias». Detalló su itinerario espiritual en sus famosas Confesiones, obra que se ha convertido en un clásico tanto de la teología cristiana como de la literatura mundial.

Ya hemos incluido en nuestros estudios, en la Lección 1 de este libro, los sabios consejos dados por San Agustín, uno de los Espíritus que ayudaron en la Codificación Espírita, sobre la importancia de alcanzar el autoconocimiento para que podamos trabajar en nuestra transformación moral. Encontramos en *El libro de los espíritus* (pregunta 919a) una pregunta hecha por Allan Kardec sobre las dificultades que encontramos al tratar de conocernos a nosotros mismos, y pregunta cómo podemos alcanzar ese autoconocimiento. La respuesta de San Agustín es:

«Haced lo que yo hacía cuando vivía en la Tierra. Al concluir el día, interrogaba a mi conciencia. Entonces pasaba revista a lo que había hecho y me preguntaba si no había faltado en algo al deber, si nadie había tenido que quejarse de mí. De ese modo llegué a conocerme y pude ver lo que había para reformar en mí. Aquel que, cada noche, recuerde todas sus acciones de la jornada y se pregunte a sí mismo por el bien o el mal que ha hecho, rogándole a Dios y a su ángel de la guarda que lo iluminen, adquirirá una gran fuerza para perfeccionarse. Porque, creedme, Dios lo asistirá. Así pues, formulaos preguntas e indagad acerca de lo que habéis hecho y con qué objetivo obrasteis en determinada circunstancia; si hicisteis algo que censuraríais en los demás; si habéis llevado a cabo una acción que no os atreveríais a confesar. (…) Examinad lo que podríais haber hecho contra Dios, luego

contra vuestro prójimo, y por último contra vosotros mismos. Las respuestas serán un alivio para vuestra conciencia, o la indicación de un mal que es preciso tratar».

FRANCISCO DE ASSIS

Francisco de Asís nació en 1182, hijo de Pietro Bernardone, un rico comerciante de telas del centro de Italia. Se sabe poco de su madre, Pica, pero se dice que pertenecía a una familia noble de Provenza. El éxito financiero de Pietro garantizó al joven Francisco una vida sin preocupaciones por la comodidad material. Francisco era un joven popular, muchas veces era el centro de atención, y se le podía encontrar practicando deportes, en la plaza del pueblo o dando serenatas a las jóvenes de Asís.

200 | Francisco buscó ansiosamente la gloria y el honor en la batalla y en 1201 se unió a la guerra con el rival de Asís, Perugia. Después de una abrupta derrota, pasó casi un año prisionero mientras su padre recaudaba dinero para pagar su rescate.

En 1205, intentó nuevamente prepararse para ser caballero, pero después de sufrir otra enfermedad, tuvo una visión que marcó el inicio de su conversión. Tenía 23 años.

Regresó a Asís, donde su depresión inicial pronto se convirtió en una crisis emocional. Su evidente insatisfacción con las comodidades materiales de su vida frustró a su padre, particularmente cuando Francisco espontáneamente comenzó a compartir la riqueza de su familia con los pobres.

Su búsqueda de la paz interior, puso a Francisco en el camino de su conversión nacida de una crisis de comprensión de la humanidad.

Todos estamos muy familiarizados con la oración más conocida de Francisco de Asís, que representa una verdadera lección de fraternidad. De hecho, toda la segunda parte de la oración de Francisco Asís es un testimonio de la alegría que encontramos en dar alegría a los demás, cuando dice: Oh Maestro, haz que yo busque consolar más que ser consolado... Pero presentaremos en esta lección una oración pronunciada por el Espíritu Francisco de Asís dictada al médium Divaldo Pereira Franco –del libro *Transición planetaria* de Manoel Philomeno de Miranda (Espíritu), publicado por LEAL (https://www.livrarialeal.com.br/).

Maestro sublime Jesús: haz que comprendamos tu voluntad y nunca la nuestra, entregándonos a tus manos fuertes para conducirnos; permite que podamos dar cumplimiento a los deberes que nos corresponden, pero no conforme a nuestros deseos; lanza tu mirada sobre nosotros, a fin de que tengamos la claridad de tu ternura y no las sombras de nuestra ignorancia; | 201 *bendice nuestros propósitos de servirte, cuando solamente nos hemos preocupado en utilizar tu santo nombre para servirnos; concédenos que participemos en la santificación de tus proyectos, de manera que seamos Tú en nosotros, pues aún no tenemos condición para estar en Ti; domina nuestros anhelos de poder y de placer, auxiliándonos en la conquista real del renunciamiento y de la abnegación; ayúdanos en la comprensión de nuestras labores, amparándonos en nuestras dificultades y socorriéndonos cuando estemos inmersos en la argamasa celular; facilítanos la dádiva de tu paz, de modo que la distribuyamos dondequiera que nos encontremos y que todos la identifiquen, comprendiendo que somos tus servidores devotos... Y como la muerte nos restituyó la vida gloriosa para que continuemos la trayectoria iluminativa, favorécenos con la sabiduría para tener éxito en el viaje de ascensión, aunque debamos sumergirnos muchas veces en las*

Transformación Interior

sombras de la materia, portando no obstante la brújula de tu afable corazón para que nos señale el rumbo.

¡Señor!

Intercede junto al Padre Todo Amor, por tus hermanos de la retaguardia, que somos casi todos nosotros, los transgresores del deber.

Existen muchos ejemplos de profunda transformación moral que podríamos haber mencionado en esta lección, como las historias de Moisés, Buda y Mahoma, pero sería demasiado largo describirlos para el propósito de este estudio. Sin embargo, aconsejamos a todos aquellos interesados en encontrar más inspiración que lean sobre ellos y muchos otros.

El verdadero viaje de descubrimiento no consiste en buscar nuevos paisajes, sino en tener nuevos ojos.

Marcel Proust

12.2 TU

Ahora es el momento de aplicar la terapia cognitiva[35] a tu vida y comenzar a interiorizar las lecciones que has

---

35   La Terapia Cognitiva busca ayudar al paciente a superar sus dificultades identificando y modificando sus pensamientos, formas de ser y reacciones emocionales disfuncionales. Incluye ayudar a los pacientes a desarrollar sus habilidades para modificar creencias, identificando pensamientos distorsionados de diferentes maneras y modificar formas de ser.

aprendido en este estudio. Recuerda que estamos hablando de comenzar con pequeños pasos.

Un viaje de mil millas comienza con un solo paso.

Lao Tse

Podemos comenzar eliminando los pensamientos negativos automáticos y/o tendencias negativas que nos detienen. Los pensamientos negativos automáticos invadirán nuestro cerebro y, si permitimos que lo hagan disminuirán nuestra fuerza de voluntad, poniendo en riesgo nuestras posibilidades de éxito.

La idea es arreglar una cosa a la vez. Las cosas pequeñas pueden conducir a grandes cosas y las cosas buenas pueden conducir a resultados importantes. Se trata de que seamos menos egoístas, desarrollar más compasión o incluso volvernos menos apegados a las cosas materiales. Puede ser un desafío –casi paralizante– pero debemos concentrarnos en el objetivo final. Incluso puede parecer una meta que nunca alcanzaremos. Con esta perspectiva, casi todo el mundo se daría por vencido antes incluso de empezar. Lo único que se necesita es algo que todos tengamos el poder de hacer:

Tener compromiso.

¿Cuál será tu compromiso de cambio esta semana?

Hoy más que nunca se alientan, nutren y honran los buenos sentimientos y, al embarcarte en tu proceso de transformación personal, te darás cuenta de que no estás solo. Hay muchas personas que ya buscan una forma más integral y espiritual de conducir sus vidas. Muchos te han precedido y te esperan a lo largo del camino para darte una mano.

Transformación Interior

Pero será tu tarea encontrar la mejor ruta para llegar allí, a tu objetivo.

Quizás puedas encontrar atajos en el camino, pero aun así, tienes que empezar y seguir adelante hasta alcanzar tu objetivo.

Te quedarás sorprendido de cuántos nuevos compañeros encontrarás en este camino.

Y podremos encontrarnos entre ellos.

¡Que Dios nos bendiga en este increíble viaje!

LECTURA COMPLEMENTARIA

Recomendamos al lector leer el texto que aparece a continuación, subrayando los pasajes que más le han conmovido y que siente la necesidad de ser trabajados.

TRABAJEMOS TAMBIÉN

«Y diciendo: Amigos, ¿por qué hacéis esto? Nosotros también somos hombres como vosotros, sujetos a las mismas pasiones». (Hechos, 14:15.)

La exaltación de Pablo y de Bernabé aun resuena entre los aprendices fieles.

Muchas veces la familia cristiana ha deseado perpetuar la ilusión de los habitantes de Listra.

Los misioneros de la Revelación no tienen privilegios ante el espíritu de testimonio personal en el servicio. Las realizaciones que podríamos considerar como gracia o prerrogativa especial expresan más que el profundo esfuerzo que ellos mismos hacen, en el sentido de aprender y aplicar lo que Jesús ha enseñado.

El Cristo no fundó con su Doctrina un sistema de dioses y devotos, separados entre sí; creó un vigoroso organismo de transformación espiritual hacia el bien supremo, destinado a todos los corazones sedientos de luz, amor y verdad.

En el Evangelio hallamos a Magdalena que arrastra dolorosas equivocaciones, a Pablo que persigue ideales salvadores, a Pedro que niega al Amigo Divino, a Marcos en lucha con sus propias indecisiones; entretanto, también contemplamos allí a la hija de Magdala renovada en el camino redentor, al gran perseguidor convertido en mensajero de la Buena Nueva, al discípulo frágil conducido a la gloria espiritual, y al compañero vacilante transformado en Evangelista de toda de la Humanidad.

El cristianismo constituye una bendita fuente para la renovación del alma para Dios.

El mal de muchos aprendices proviene de entregarse a la idolatría de los valerosos exponentes de la fe viva que aceptan en el sacrificio como la verdadera fórmula de elevación; los imaginan en tronos ilusorios y se postran a sus pies, sintiéndose confundidos, ineptos y acobardados, porque se olvidan que el Padre concede a todos sus hijos las energías necesarias para la victoria.

Naturalmente, todos debemos amor y respeto a los grandes personajes del camino cristiano; por eso mismo no podemos olvidar que Pablo y Pedro, como tantos otros, salieron de las debilidades humanas hacia los dones celestiales y que el Planeta Terrenal constituye una escuela para la iluminación, el poder y el triunfo, siempre que procuremos comprender su grandiosa misión.

(Emmanuel/Francisco C. Xavier –Pan nuestro, cap. 33)

Transformación Interior

SABER Y HACER

«Si sabéis estas cosas, bienaventurados sois si las hiciereis».
Jesús. (Juan, 13:17.)

Entre saber y hacer existe una gran diferencia. Casi todos saben, pero pocos hacen.

De un modo general, todas las denominaciones religiosas solamente enseñan lo que constituye el bien.

Todas poseen asistentes, creyentes y propagandistas; pero los apóstoles de cada una escasean cada vez más.

Hay siempre voces habilitadas para indicar los caminos: es la palabra de los que saben.

Mas son raras las criaturas que caminan valerosamente por esas veredas, muchas veces en silencio, abandonadas e incomprendidas. Es el esfuerzo supremo de los que hacen.

Jesús comprendió la indecisión de los hijos de la Tierra y, transmitiéndoles la palabra de la verdad y de la vida, dio la ejemplificación máxima, a través de sacrificios culminantes.

La existencia de una teoría elevada implica la necesidad de experiencia y de trabajo.

Si la acción edificante fuese innecesaria, la más humilde tesis del bien dejaría de existir por inútil. Juan registró la lección del Maestro con sabiduría. Demuestra el versículo que solamente los que concretizan las enseñanzas del Señor pueden ser bienaventurados. Ahí reside, en el campo del servicio cristiano, la diferencia entre la cultura y la práctica, entre saber y hacer.

(EMMANUEL/FRANCISCO C. XAVIER –*CAMINO, VERDAD Y VIDA*, CAP. 49)

TEMAS COMPLEMENTARIOS[36]
COMBATE EL EGOÍSMO

Una acción importante en el proceso de la transformación moral es combatir los errores, malos hábitos y vicios que puedan estar alojados en nuestra alma.

Una posible estrategia para combatir el mal sería identificar los defectos, jerarquizarlos, ordenarlos por importancia y comprobar si existen relaciones de causa y efecto entre ellos, si eventualmente existe un *vicio de raíz* que al debilitarse haga que los demás se debiliten. De hecho, en *El libro de los espíritus*, se observa en la pregunta 913:

¿Cuál de los vicios puede ser considerado la raíz de todos los otros?

«Lo hemos dicho muchas veces: el egoísmo. De él deriva todo el mal. Estudiad los vicios y veréis que en el fondo de cada uno de ellos se halla el egoísmo. Aunque luchéis contra esos vicios, no conseguiréis extirparlos hasta que no hayáis atacado el mal en su raíz, hasta que no hayáis destruido su causa. Tiendan, pues, todos vuestros esfuerzos hacia ese objetivo, pues allí se encuentra la verdadera llaga de la sociedad. Quien quiera aproximarse, desde esta vida, a la perfección moral, debe extirpar de su corazón todo sentimiento de egoísmo, pues el egoísmo es incompatible con la justicia, con el amor y con la caridad. El egoísmo neutraliza todas las demás cualidades».

Esta respuesta nos lleva a pensar que el candidato al perfeccionamiento espiritual y moral debe elegir como uno de

---

36   La redacción de los Temas Complementarios y los anexos al final de este libro fueron escritos por el organizador de la versión portuguesa de este libro, Isoláquio Mustafá.

sus principales objetivos combatir seriamente el egoísmo que existe dentro de sí mismo.

Jesús, en la parábola de las cabras y las ovejas, enfatiza la incomodidad del egoísmo, al representar a quienes aún no merecen disfrutar de la felicidad futura como las cabras que dejaron de ayudar a los necesitados y, como consecuencia, fueron condenadas al «fuego del infierno». Obsérvese que Jesús no solo condena a quienes practican el mal, la crueldad y los crímenes, sino también *a quienes no practican el bien, es decir, a los egoístas*, aunque no hagan activamente el mal, aunque no cometan actos de agresión o dañen a otros con sus acciones. Jesús condena el hecho de *no hacer* el bien, de no ayudar a quien sufre, por eso proscribe, reprende la simple indiferencia que es, en el fondo, egoísmo.

MÁS CONSIDERACIONES SOBRE LA INCONVENIENCIA DEL EGOÍSMO

Algunos relacionan la desigualdad de las riquezas con el egoísmo. Sin embargo, la desigualdad de la riqueza siempre ha existido y siempre existirá. La posesión de la riqueza es una prueba y puede ser también una misión.

Dios concede o permite la riqueza a unos y la pobreza a otros para que las experimentemos de diferentes maneras.

Los ricos son tentados por el egoísmo y la codicia y se vuelven felices cuando triunfan sobre estas fuertes y peligrosas tentaciones. Cuando descubren los placeres espirituales del trabajo, del emprendimiento y la generosidad, se regocijan en sus almas, descubriendo placeres desconocidos para la mayoría de los hombres todavía dominados por el egoísmo. Cuando se dejan llevar por el egoísmo y el orgullo, de cuyas fuertes tentaciones no supieron o no quisieron escapar, sienten el peso del remordimiento, hasta que se someten a la Ley de Dios, que es la Ley del Amor y de la Caridad.

Los pobres son tentados por la queja y la rebelión, pero se vuelven felices cuando se someten sin quejarse a las limitaciones, a las pruebas, a la indiferencia y al desprecio de una sociedad que solo valora las apariencias y las posesiones.

Todos, sin embargo, un día y a lo largo de sus reencarnaciones experimentarán la prueba de la riqueza.

Por lo tanto, la desigualdad de la riqueza no está necesaria ni fatalmente vinculada al egoísmo. Es una condición social que sirve al progreso intelectual y moral de los seres humanos.

Algunas personas piensan que eliminar la desigualdad de la riqueza eliminará los males sociales. Esto es un sofisma, un razonamiento aparentemente verdadero que es falso. Respecto a aquellos que piensan que la igualdad absoluta de la riqueza es el remedio para los males de la sociedad, nuestros amigos espirituales nos dicen de manera muy sabia y lógica:

«*Profesan un sistema, o son ambiciosos y envidiosos. No comprenden que la igualdad con que sueñan pronto sería destruida por la fuerza de las circunstancias. **Combatid el egoísmo, que es vuestra plaga social**, y no vayáis en busca de quimeras*». (Respuesta de la pregunta 811a, de *El libro de los espíritus*. (El resaltado en negrita es nuestro)

Además de ser el egoísmo el caparazón del mal individual causante de todos los demás males, es también nuestra «lacra social», como nos enseñan las mentes sabias que revelaron la Doctrina Espírita.

Transformación Interior

IDENTIFICACIÓN DEL EGOÍSMO

Entre los obstáculos para superar el egoísmo encontramos las actitudes de los seres humanos hacia personas prominentes que están llenas de egoísmo, indiferencia y frialdad ante el sufrimiento ajeno. Las actitudes a las que nos referimos son de elogio y consideración hacia esas personas egoístas, que además son orgullosas y dejan que sus sentimientos sean alimentados, o mejor dicho, envenenados por los halagos de sus subordinados que pretenden jugar el papel de amigos.

Estas personas egoístas reciben los elogios y cumplidos de los aduladores y los transforman en fuerza para su egoísmo, frialdad, indiferencia e ilusión de superioridad. Así, de este modo se hunden progresivamente en la ilusión, la insensibilidad y la oscuridad del alma.

Nuestra sociedad condena muchos crímenes, pero no condena el egoísmo con frecuencia. Cuando alguien niega un beneficio a una persona que sufre, muchos dicen que tal negación es su derecho, después de todo, sus bienes son el resultado de su trabajo.

Nada es más justo que disfrutar del fruto completo de sus esfuerzos sin ayudar a nadie. Olvidan que los logros temporales son concesiones del Padre Celestial, sin cuyo permiso nada se puede hacer.

El egoísmo, sin embargo, no es un privilegio de personas ricas. También hay pobres egoístas. El egoísmo no está en las posesiones sino en el corazón de las personas. Conocimos a una familia muy pobre, que provenía de una zona rural, que vivía en una comunidad recientemente asentada en las afueras de una ciudad del interior. Esta comunidad había huido de su finca productiva debido a la violencia y al miedo a la venganza.

Visitamos algunas de esas familias; entramos en varias chozas hechas de listones, ramas de árboles y arcilla.

En una de las casas hablamos con el padre de familia y le preguntamos si quería que lo encaminásemos a algún trabajo. Había un padre, una madre y algunos niños pequeños en la casa. En respuesta a nuestra pregunta, el joven padre señaló a uno de sus hijos que era discapacitado y dijo: No necesitamos trabajar, nuestro hijo recibe beneficios por ser discapacitado. El dinero es suficiente para la supervivencia de toda la familia.

Admirados, sorprendidos y quizás hasta perplejos, insistimos, pero fue en vano. Salimos de la choza y nos dirigimos a nuestra residencia, meditando sobre lo aprendido: Sin intención de juzgar al muchacho, con la poca información que teníamos sobre él, interpretamos el hecho como pereza y comodidad. Si trabajara, seguramente podría ofrecer una vida más digna a su familia, además de ejemplificar la actitud noble del trabajo hacia sus hijos, sus seres queridos.

PRODIGALIDAD EXAGERADA Y SIN CRITERIO

Algunas personas consideran que superar el egoísmo es distribuir todo lo que tienen entre los pobres y aceptar también una vida de pobreza.

Algunos creen que la prodigalidad, es decir, donar dinero y bienes en abundancia, significa superar el egoísmo. Esto no siempre es verdad: hay casos en que las personas se deshacen de su fortuna en lugar de asumir la responsabilidad de administrarla en beneficio propio y en beneficio del progreso, la creación de empleo y fomentar del desarrollo.

Transformación Interior

Quizás sea que tales actitudes denoten más indolencia que verdadero desapego.

Otros gastan demasiado; hay quienes terminan cayendo en el indeseable hábito de la compra compulsiva, bajo el pretexto de que consumiendo mucho dinamizan los negocios, lo que a su vez genera empleos. Estas personas (que seguramente piensan más en el consumo excesivo y el lujo que en quienes realmente se benefician del funcionamiento de la economía) olvidan que realizar inversiones inteligentes, bien planificadas y que aporten nuevos progresos y valores son palancas de progreso y bienestar mucho más poderosas que el consumo inútil y a veces patológico.

LA RIQUEZA Y SU FUNCIÓN

La misión de las grandes fortunas es generar riqueza, no solo material, sino principalmente tecnológica y de inteligencia. Se trata de un recurso que puede multiplicar las oportunidades de empleo y por ello las fortunas invertidas en emprendimientos tienen la función de prevenir la pobreza y estimular a las personas a ganarse el pan con la dignidad del trabajo.

Sin embargo, las decisiones de inversión no siempre son sencillas. Muchas veces requieren conocimientos, inteligencia estratégica, disciplina y capacidad de realización; de realizaciones objetivas y bien estructuradas. Son retos para el emprendedor serio y honesto, pero si sus emprendimientos tienen éxito, estarán difundiendo trabajo, progreso y bienestar a muchas personas.

ACCIONES QUE PUEDEN SER CONSIDERADAS COMO UNA FORMA DE COMBATIR EL EGOÍSMO

ESTA MIGAJA

Auta de Souza

En el reino de tu hogar en paz celestial,

¡Fíjate cuántas sobras de abundancia!...

El pan rancio que nadie busca,

El humilde trapo que ya no se lleva...

De lo que has gastado, lo que quede,

Recoge lo mejor del barrido

Y ayuda a los afligidos y a los desafortunados

¡Que respiran gimiendo en la noche agreste!...

Tu gesto amistoso hará florecer perfume,

Bendición, consuelo, providencia y luz

En la multitud que sigue en desorden...

Y cuando el mundo ya no te consuele,

Esta migaja ligera, más allá de la muerte,

Brillará como una estrella en tu camino.

Del libro *Auta de Souza*, psicografiado por el médium Francisco Cândido Xavier. –Editorial: IDEAL. (Traducción libre)

Transformación Interior

Hay situaciones en que la persona necesitada es capaz de ser protagonista, o autora de su recuperación, pero no sabe cómo hacerlo ni tiene hábitos favorables para obtener lo necesario. Se trata de ofrecer orientación, consultoría, formación, terapias y cursos.

Existen muchas personas que, a pesar de disponer de suficientes bienes e ingresos para vivir, necesitan orientación en sus decisiones. Hay otros que no tienen orientación moral. A veces ni siquiera son conscientes de sus necesidades reales. Orientarlos y ejemplificar buenas actitudes y buenas acciones es una forma inteligente de ayudar y también de superar el propio egoísmo.

EJERCICIOS DE AMOR. LA MEJOR LUCHA CONTRA EL EGOÍSMO

Una manera muy efectiva de combatir el egoísmo y practicar el amor al prójimo es desarrollar el gusto y el placer de hacer el bien. Esto se puede lograr en tareas sociales; tareas que se realizan en los centros espíritas, en las iglesias, donde se ora por los que sufren. En los grupos espíritas se practica la aplicación de pases, la instrucción común, la divulgación del conocimiento de la inmortalidad del alma y evangélico, la visita a los enfermos, campañas en favor de instituciones de caridad, trabajos de desobsesión, etc.

Las personas que participan en actividades como estas descubren lo bien que se sienten al ayudar. Si realizan estas actividades metódicamente, con disciplina y durante un largo periodo de tiempo, desearán seguir haciendo el bien para siempre.

Descubrirán que hay muchas maneras de ayudar, descubrirán que existen materiales de ayuda, pero que hay otra forma: la ayuda moral. Se darán cuenta de que existen muchas más personas de las que imaginamos que sufren por razones puramente morales; muchas de estas personas son pobres, pero también hay ricas en un gran número.

Así comprenderán que la caridad puede definirse como: benevolencia para con todos, indulgencia para con las imperfecciones de los demás y perdón de las ofensas. Además de la ayuda material, cuando sea necesaria.

Nuestros recursos para ayudar no siempre son suficientes. En esta situación podemos pedir a quien lo tiene en nombre de quien lo necesita.

Visión de las necesidades totales del ser que debe beneficiarse: Valor de lo intangible. Donación de lo tangible y lo intangible.

El ser humano no está compuesto únicamente por un cuerpo. También tiene alma, o mejor dicho, el ser humano es un alma inmortal que temporalmente tiene un cuerpo. Así pues, las necesidades humanas son la alimentación, la vivienda, la ropa y otros bienes materiales.

Pero para satisfacer estas necesidades es necesario desarrollar un trabajo que tendrá éxito si se lleva a cabo inspirándose en valores intangibles: dedicación, inteligencia, conocimiento, disciplina, capacidad de relacionarse bien con compañeros, jefes, clientes, capacidad de organizarse, etc.

Hoy en día, los activos económicos más valorados son: la información, el conocimiento, la capacidad de formular y ejecutar proyectos, la organización, la disciplina, la inteligencia cognitiva, la inteligencia emocional.

Transformación Interior

Por eso, cuando nos acerquemos a alguien para ayudarlo, lo percibiremos en su condición integral, cuerpo y sobre todo alma con su potencialidad.

Colaboraremos juntos para que se sienta animado a poner en práctica sus habilidades latentes.

¿Cuál es el medio de destruir el egoísmo?

«[...] El egoísmo habrá de debilitarse a medida que predomine la vida moral sobre la vida material y, en especial, mediante la comprensión que el espiritismo os ofrece de vuestro estado futuro real, y no desnaturalizado por ficciones alegóricas».

(*El libro de los espíritus*, pregunta 917)

Además de esta percepción de necesidades espirituales y comportamentales que amplían nuestra capacidad de ayudar, el conocimiento sobre la supervivencia ayudará poderosamente a superar el egoísmo de cada uno de nosotros.

Otro ejercicio necesario en el proceso de combatir el egoísmo es comprometerse y asumir el compromiso de recordar con frecuencia y preguntarse si está cumpliendo con las enseñanzas:

- Haz a los demás lo que te gustaría que te hicieran.

- No hagas a los demás lo que no te gustaría que te hicieran.

LECTURA COMPLEMENTARIA

Recomendamos al lector el texto que aparece a continuación, subrayando los pasajes que más le han tocado y que siente más necesidad de trabajar en sí mismo.

LA PIEDAD

La piedad es la virtud que más os aproxima a los ángeles. Hermana de la caridad, os conduce hacia Dios. ¡Ah! Dejad que vuestro corazón se enternezca ante el espectáculo de las miserias y los padecimientos de vuestros semejantes. Vuestras lágrimas son un bálsamo que derramáis en sus heridas, y cuando a través de una dulce simpatía llegáis a infundirles la esperanza y la resignación, ¡cuánto encanto experimentáis! Es verdad que ese encanto conlleva cierta amargura, porque nace junto a la desgracia. No obstante, así como no posee la acrimonia de los goces mundanos, tampoco es portador de las pungentes decepciones del vacío que esos goces dejan en pos de sí. Es un encanto cuya delicadeza penetrante regocija el alma. La piedad… Cuando se siente intensamente, la piedad es amor. El amor es devoción. La devoción es el olvido de uno mismo; y ese olvido, esa abnegación en favor de los que sufren, es la virtud por excelencia, la que el divino Mesías practicó durante toda su vida, la que predicó en su doctrina sagrada y sublime. Cuando esa doctrina sea restablecida en su primitiva pureza, cuando sea aceptada por todos los pueblos, llevará la felicidad a la Tierra, y hará que reinen en ella la concordia, la paz y el amor.

El sentimiento más apropiado para haceros progresar, aquel mediante el cual domináis en vosotros el egoísmo y el orgullo, aquel que predispone vuestra alma a la humildad, a la beneficencia y al amor al prójimo, es ¡la piedad! Esa piedad que os conmueve hasta las entrañas cuando veis los padecimientos de vuestros hermanos, que os impulsa a tenderles la mano para socorrerlos y os arranca lágrimas de simpatía. Por consiguiente, nunca sofoquéis en vuestros corazones esa emoción celestial, ni procedáis como los egoístas empedernidos, que se apartan de los afligidos porque el espectáculo de sus miserias perturbaría durante algunos instantes su alegre existencia. Temed permanecer

Transformación Interior

indiferentes cuando podáis ser útiles. La tranquilidad que se adquiere al precio de la indiferencia culposa es la tranquilidad del Mar Muerto, que oculta en el fondo de sus aguas el fango fétido y la putrefacción.

Miguel (Burdeos, 1862)

(EL EVANGELIO SEGÚN EL ESPIRITISMO. CAP. XIII, ÍTEM 17)

TRANSFORMACIÓN INTERIOR

Con todo, ¡cuán lejos se halla la piedad de causar la perturbación y el disgusto ante los que se espanta el egoísta! Es cierto que el alma experimenta, al contacto con la desgracia ajena, una opresión natural y profunda que estremece todo vuestro ser y lo conmueve penosamente, haciendo que se retraiga en sí mismo. Grande es, no obstante, la compensación cuando conseguís infundir valor y esperanza a un hermano en desgracia, que se enternece cuando una mano amiga aprieta la suya, y cuya mirada, húmeda por la emoción y el reconocimiento, se dirige a vosotros dócilmente, antes de elevarse hacia el Cielo en agradecimiento por haberle enviado un consuelo, un amparo. La piedad es la melancólica pero celestial precursora de la caridad, es la primera de las virtudes que la tienen por hermana, y cuyos beneficios ella anticipa y dignifica.

MIGUEL (Burdeos, 1862.)

(*EL EVANGELIO SEGÚN EL ESPIRITISMO*. CAP. XIII, ÍTEM 17)

UNA PELÍCULA LLAMADA «SÍ MISMO»

En el momento de la muerte, a la gran mayoría de los seres humanos se les presentan imágenes en forma de visión cinematográfica de todas las acciones, pensamientos y sentimientos, componentes de la vida que acaba de terminar.

Transformación Interior

Esta visión se despliega ante la memoria del moribundo, a una velocidad fantástica; en apenas unos segundos se presenta con detalle toda la existencia, desde el nacimiento hasta la muerte.

Sentimientos de alegría y bienestar acompañan el recuerdo de las acciones nobles y generosas y de los progresos alcanzados; estas alegrías y placeres del alma pueden alcanzar niveles elevados, desconocidos para la humanidad.

Sentimientos de tristeza, arrepentimiento y dolor moral, muchas veces superlativos, acompañan el recuerdo de acciones, pensamientos y sentimientos menos dignos.

Muchas de las maldades que quisiéramos ocultarnos a nosotros mismos parecen resurgir de las cenizas del pasado y nos obligan a contemplar el lado oscuro de nosotros mismos.

Porque se desarrolla de una manera aún más impredecible que la muerte misma, esta visión nos sorprende y a menudo nos deja perplejos.

Sin embargo, lo que ocurrirá casi necesariamente y de repente se puede afrontar de forma voluntaria y gradual. Podemos ver esta película en la que somos los artistas principales, poco a poco, cada día.

¿Cómo hacerlo?

El primer paso para producir una película es componer un *guion*; a medida que estudiamos este libro, vamos anotando en hojas de papel los puntos de ética cristiana que más necesitamos trabajar en nosotros mismos, los conceptos que más nos llaman la atención. Al final de cada sesión guardamos la hoja con las notas. Al finalizar el estudio tendremos un pequeño cuaderno.

Este cuaderno será nuestro compañero. Incluso después de terminar el estudio, seguiremos anotando los principios éticos que queremos trabajar, los hábitos que necesitan ser corregidos, los sentimientos que necesitan ser reemplazados, etc.

Las notas son individuales y son de interés para cada uno de nosotros, para Dios y para nuestro ángel de guarda o guía espiritual.

Sigue reflexionando sobre ti mismo; utiliza como ayuda las enseñanzas de san Agustín contenidas en la pregunta 919 de *El libro de los espíritus* y la lista de las 13 virtudes de Franklin (ver anexos I, II y III de este libro)

Este cuaderno cambia con el tiempo. Hay defectos en él, conflictos que anotaste, pero con el tiempo dejan de tener sentido porque has logrado superarlos.

Él, el cuaderno, se convertirá en un libro. Guárdalo | 221
con cuidado. Si tienes acceso a una computadora, mantenla encendida, pero bloquéala con una contraseña; al principio, este *guion* solo te interesará a ti. Será un auxiliar para que te conozcas y este conocimiento te permitirá superar más fácilmente tus errores. Te ayudará a alcanzar las virtudes, mejorar tus relaciones con las personas y fortalecer las condiciones básicas de salud y bienestar interior.

Lee el libro que estás escribiendo, la historia en la que eres el actor o actriz principal. El libro se conocerá con el título: SÍ MISMO. Vuelve a leerlo de vez en cuando.

Supongamos que este libro se convierte en un guion de película. Imagínate viendo esta película, no tengas miedo de afrontar toda la verdad. Pero recuerda que si tienes defectos, también tienes virtudes y un gran potencial para alcanzar hermosas cualidades y un inmenso desarrollo personal.

Transformación Interior

Compárate nuevamente con el ideal de grandeza, amor y virtud que deseas ser. Recuerda lo que dijo Jesús: «Ama a tu prójimo como a ti mismo, haz a tu prójimo lo que te gustaría que te hiciera, y no hagas a tu prójimo lo que no quieras que tu prójimo te haga».

Recuerda siempre:

Ante todo, eres un hijo(a) de Dios. Él siempre está contigo inspirándote y animándote a lograr tu crecimiento espiritual.

ANEXO 1
AGENDA MORAL – DIARIA

Al final del día, realiza una oración pidiendo a Dios y a los buenos Espíritus inspiración.

Intenta calmarte, respira lentamente. Revisar y analizar todo el comportamiento del día, utilizando preguntas claras y precisas que nos lleven a tener que dar respuestas categóricas y objetivas como un «sí» o un «no»:

1.   ¿He dejado de cumplir algún deber?[37]

| 223

2.   ¿Alguien tuvo motivos para quejarse de mí?[38]

---

37   Uno podría preguntarse: ¿Cuáles son nuestros deberes?, ¿cuáles son mis deberes? Estos deberes están indicados por las leyes humanas y por la Ley Eterna de Dios. Nuestros deberes fundamentales son:

1. Amar a Dios sobre todas las cosas –Debemos dirigir nuestros pensamientos y corazones al Eterno, tan pronto como nos despertamos. Debemos someternos a Su Voluntad y a Sus Leyes, que son sabias, justas y misericordiosas.

2. La mejor manera de amar a Dios es amar a sus hijos; es hacer a los demás lo que nos gustaría que nos hicieran a nosotros. Apliquemos este concepto al examen de nuestros deberes hacia: los padres, el cónyuge, los hijos, todos los parientes, los vecinos, los compañeros de trabajo, todos los seres encarnados y desencarnados, todos los seres de la naturaleza, por insignificantes que sean.

38   No se trata de si alguien se quejó de mí, sino si tuvo motivos de queja contra mí. Hay personas que por educación no son dadas a quejarse; muchas veces no se respetan sus derechos, pero ellos no se quejan, a veces guardan silencio y se limitan a orar.

3. Para responder a esta pregunta, reflexiona sobre el precepto cristiano: No hagas a los demás lo que no quieres que te hagan.

Transformación Interior

Podemos afirmar que estas dos preguntas constituyen la base del autoexamen.

Ellas se relacionan con los principios fundamentales de la moral cristiana: «Amar a Dios sobre todas las cosas y al prójimo como a ti mismo». Si una persona se plantea únicamente estas preguntas y trata de responderlas honestamente a sí misma, ya podrá obtener las condiciones iniciales para realizar su progreso moral consciente.

Incluye también pensamientos e intenciones en estas preguntas. Pensemos si lo que está en nuestra mente y en nuestro corazón se realizara, si los pensamientos, sentimientos e intenciones se transformaran en acciones, ¿cómo los calificaríamos según los criterios expuestos en este apéndice?

Al final del trabajo de la tarde, calcula la suma del bien y del mal realizado, rellenando la hoja de cálculo de Franklin.

Lee las trece virtudes y marca con una «X» al lado de la línea de virtud en la que fallaste. Todos los días marca con una X los fallos del día. Desmarca con una X la virtud que lograste practicar y la deficiencia opuesta que lograste superar.

Trece virtudes de Benjamín Franklin							
VIRTUDES	**MARQUE CON UNA «X» EN LAS CASILLAS A CONTINUACIÓN, EN LA LÍNEA CORRESPONDIENTE A LA VIRTUD NO CUMPLIDA. BORRE LA «X» CUANDO VUELVA A CUMPLIR CON LA VIRTUD CORRESPONDIENTE**						
Templanza							
Silencio							
Orden							
Resolución							
Frugalidad							
Diligencia							
Sinceridad							
Justicia							
Moderación							
Limpieza							
Tranquilidad							
Castidad							
Humildad							

La tabla de las Trece Virtudes de Franklin también se utilizará semanalmente. El uso diario, del que tratamos en este anexo, tiene como objetivo esclarecernos sobre nuestros defectos, el uso semanal tendrá como objetivo facilitar el ejercicio de las virtudes y la adquisición de los buenos hábitos.

ANEXO 2
AGENDA MORAL DIARIA –
PROFUNDIZAR EL AUTOANÁLISIS

SIEMPRE QUE EL EXAMEN DE LAS DOS PREGUNTAS DEL ANEXO 1 NO SEA SUFICIENTE PARA DARNOS SEGURIDAD DE SI LA ACCIÓN, PENSAMIENTO, INTENCIÓN O SENTIMIENTO QUE ESTAMOS ANALIZANDO ES BUENO O MALO, PROFUNDICEMOS EN EL EXAMEN DE CONCIENCIA CON LAS SIGUIENTES PREGUNTAS: | 227

- Si tal acción la realizara otra persona, ¿la censuraría? Si la acción es mala cuando la realiza otra persona, no puede volverse buena solo porque yo la hice.

- ¿He hecho algo que no me atrevería a confesar? ¿Me atrevería a publicar esta acción?

- Si a Dios le place llamarme en este momento, ¿debería temer la mirada de alguien al reingresar al mundo de los Espíritus, donde nada se puede ocultar?

- ¿He hecho algo contra Dios, contra mi prójimo o contra mí mismo?

- ¿Qué opinan mis semejantes de tal o cual acción que tomé?

Transformación Interior

- ¿Qué críticas me hacen mis enemigos? (Dios, muchas veces coloca enemigos en nuestro camino para que sirvan de «espejo» y nos digan la verdad sin ocultarla; los enemigos nos advierten con más franqueza que nuestros amigos);

  No tenemos enemigos; tenemos instructores.

  Autor desconocido

- Al leer o escuchar pensamientos, textos y conferencias sobre la legítima moral cristiana, observemos lo que más nos llama la atención, lo que más nos conmueve.

ANEXO 3
AGENDA MORAL SEMANAL

Para adquirir virtudes es necesario ejercitarlas constantemente hasta que se conviertan en buenos hábitos. Para obtener el resultado deseado, haga como Franklin: dedíquese semanalmente a practicar una de las trece virtudes con más atención (ver tabla anterior en el anexo 1).

Después de identificar los aspectos de nosotros mismos que necesitamos modificar y las virtudes que necesitamos desarrollar, sugerimos:

3. anotar el error que se debe corregir o del hábito que se debe cambiar;

4. pedir a Dios, a Jesús y al ángel de la guarda fuerzas para vencer las atracciones del mal;

5. meditar pensando en el defecto a superar;

5a. reflexionar sobre el daño moral, físico y de salud que el defecto específico nos causa a nosotros y a nuestros seres queridos;

5b. comprender los beneficios de superar el defecto que se está analizando; piensa en estos beneficios, di para ti mismo que es posible vencerlo;

4. **mentalizar el conjunto de acciones necesarias para superar y alcanzar las virtudes y visualizar**

el camino que debe recorrerse en ese logro; pedir a Dios, a Jesús y al ángel de la guarda energía para desarrollar las virtudes que Jesús recomendó;

5. observar e imitar a personas y personajes históricos (Jesús, Francisco de Asís, Pablo de Tarso, Agustín y otros) que alcanzaron la virtud deseada;

6. incluir compromisos de vencer las limitaciones morales en la agenda personal (en la agenda que utilizas para las tareas del día a día);

7. persevera a pesar de cualquier fracaso que puedas experimentar. Insiste siempre en hacer el bien y esfuérzate por superar tus propios defectos;

8. siempre que notes un pensamiento negativo en ti, reemplaza ese mal pensamiento con un pensamiento bueno;

9. haz el bien constantemente y repite las buenas acciones hasta que se vuelvan habituales y su práctica se vuelva natural.

ANEXO 4
AGENDA MORAL TRIENAL

Con base en la afirmación de André Luiz, contenida en el mensaje a continuación, «*El espírita que no progresa durante tres años consecutivos permanece en un estado estacionario*», entendemos que es adecuado estipular para nosotros el compromiso de dedicar una atención más intensa a nuestra Transformación Moral, cada tres años.

En esta línea de razonamiento, proponemos participar cada tres años en un evento educativo que aborde el tema, invitándonos a reflexionar más profundamente sobre nuestra conducta y nos enseñe técnicas de autoconocimiento y Transformación Moral. Esta participación podrá realizarse como oyente, alumno o monitor.

Esta participación repetida cada tres años tiene como objetivo mantener vivo en nosotros el compromiso con el estudio permanente de nosotros mismos y la búsqueda continua de la virtud y la superación personal.

Vale la pena señalar que, aunque André Luiz se dirige a los espíritas en el mensaje que sigue, el compromiso con la Transformación Moral es compartido por todos, independientemente de la creencia que adoptemos.

Transformación Interior

EXAMINÉMONOS A NOSOTROS MISMOS

El libro de los espíritus, pregunta 919.

El deber del espírita-cristiano es el de tornarse progresivamente mejor.

Es útil, por eso, verificar periódicamente, mediante un riguroso examen personal, el estado cierto de nuestras condiciones íntimas.

El espírita que no progresa en un lapso de tres años sucesivos permanece en un estado estacionario.

Analiza tu paciencia: ¿Estás más sereno, afable y comprensivo?

Inquiere sobre tus relaciones de orden hogareño: ¿Conquistaste el más alto clima de paz en tu propia casa?

232 |

Investiga las actividades que te competen en el templo doctrinario: ¿Colaboras con más entusiasmo en la obra del Señor?

Obsérvate en las manifestaciones frente a los amigos: ¿Llevas el Evangelio más vivo en tus actitudes?

Reflexiona sobre tu capacidad de sacrificio: ¿Notas en ti una mayor disposición de servir voluntariamente?

Pesquisa vuestro propio desapego: ¿Te sientes liberado del ansia de posesiones e influencias terrenas?

¿Usas con mayor frecuencia los pronombres «nosotros», «nuestro» y «nuestra» y menos los singulares «yo», «mío» y «mía»?

Tus momentos de tristeza o de cólera reprimida, que en oportunidades sólo tú conoces, ¿son en la actualidad más raros?

¿Disminuyeron los pequeños remordimientos ocultos en lo profundo de tu alma?

¿Superaste antiguos desafectos y aversiones?

¿Corregiste los lapsos crónicos de desatención y negligencia?

¿Estudias más atentamente la doctrina que profesas?

¿Comprendes mejor la función creadora del dolor?

¿Cultivas todavía alguna discreta enemistad?

¿Auxilias a los necesitados con más abnegación?

¿Oras, realmente?

¿Tus ideas evolucionan?

¿Tu fe razonada se consolidó más segura?

¿Tienes la palabra más indulgente, los brazos más activos y las manos más dispuestas a proteger?

Evangelio es alegría en el corazón: ¿Estás, efectivamente, más alegre y feliz íntimamente en estos 3 últimos años?

¡Todo marcha! ¡Todo evoluciona! ¡Brindemos nuestro rendimiento individual a la obra de Cristo!

Valora la existencia hoy, espontáneamente, viviendo en paz, para que no te veas en la obligación de valorarla mañana bajo el impacto del dolor.

¡No te engañes! Un día que se fue es una cuota más de responsabilidad, un paso más rumbo a la Vida Espiritual, una oportunidad más aprovechada o perdida.

Interroga a la conciencia en cuanto al aprovechamiento de tu tiempo, de tu salud y a las oportunidades de hacer el bien que dispones en la vida diaria.

Transformación Interior

Haz esto ahora, mientras tienes la posibilidad de reconsiderar tu orientación corrigiendo los engaños con facilidad, pues cuando vengas para este lado ya será más difícil...

(XAVIER, Francisco Cândido; VIEIRA, Waldo. *Opinión Espírita*, cap. 1. Por los Espíritus Emmanuel y André Luiz. CEC.)

«Se reconoce al verdadero espírita por su transformación moral y por los esfuerzos que hace para dominar sus malas inclinaciones».

Allan Kardec –El evangelio según el espiritismo, cap. XVII –Sed perfectos, ítem 4.

BIBLIOGRAFÍA

Kardec, Allan.

—. *Génesis, milagros y predicciones.* 2010 - CONSEJO ESPÍRITA INTERNACIONAL (CEI) - Traducción del original francés: Gustavo N. Martínez y Marta Haydee Gazzaniga

—. *El Evangelio según el Espiritismo.* 2009 - CONSEJO ESPÍRITA INTERNACIONAL (CEI) - Traducción del original francés: Gustavo N. Martínez y Marta Haydee Gazzaniga

—. *El cielo y el infierno.* 2010 - CONSEJO ESPÍRITA INTERNACIONAL (CEI) - Traducción del original francés: Gustavo N. Martínez y Marta Haydee Gazzaniga

—. *El libro de los médiums.* 2009 - CONSEJO ESPÍRITA INTERNACIONAL (CEI) - Traducción del original francés: Gustavo N. Martínez y Marta Haydee Gazzaniga

—. *El libro de los espíritus.* 2008 - CONSEJO ESPÍRITA INTERNACIONAL (CEI) - Traducción del original francés: Gustavo N. Martínez

—. **Viaje espírita en 1862.**

Transformación Interior

—. *Revista Espírita – 1858.* 2005- CONSEJO ESPÍRITA INTERNACIONAL (CEI) - Traducción del francés al español: ENRIQUE ELISEO BALDOVINO

—. *Revista Espírita – 1859.* 2009 - CONSEJO ESPÍRITA INTERNACIONAL (CEI)- Traducción del francés al español: ENRIQUE ELISEO BALDOVINO

—. *Revista Espírita – 1860.* 2012 - CONSEJO ESPÍRITA INTERNACIONAL (CEI)- Traducción del francés al español: ENRIQUE ELISEO BALDOVINO

—. *Revista Espírita – 1861.* 2016- CONSEJO ESPÍRITA INTERNACIONAL (CEI) - Traducción del francés al español: ENRIQUE ELISEO BALDOVINO

—. ***Revista Espírita – 1862.***

—. ***Revista Espírita – 1863.***

Nota del traductor: Para las citas bíblicas, hemos utilizado la Biblia de Jerusalén. 4.ª edición aprobada en la CCXII reunión de la Comisión Permanente de la Conferencia Episcopal Española de 18 de febrero de 2009. Editorial Desclée De Brouwer, S.A., 2009. Henao, 6 - 48009 Bilbao

UNITED
STATES
SPIRITIST
FEDERATION

www.ingramcontent.com/pod-product-compliance
Lightning Source LLC
LaVergne TN
LVHW052019080426
835513LV00018B/2087